普通高等教育应用技术型院校艺术设计类专业规划教材　总主编 / 许开强　胡雨霞　章　翔

设计管理与法规

主　编　杜沛然　许志强
副主编　周承君　李　涛　曹　英
　　　　朱　炜　蒋　莉

合肥工业大学出版社

普通高等教育应用技术型院校艺术设计类专业规划教材

教材编写委员会

李　娇　武汉华夏理工学院艺术设计与传媒学院　院长
刘　慧　武汉东湖学院传媒与艺术设计学院　教学副院长
刘　津　湖北大学知行学院艺术设计教研室　主任
祁焱华　武汉工程科技学院珠宝与设计学院　常务副院长
钱　宇　武汉科技大学城市学院艺术学部　副主任
石元伍　湖北工业大学工业设计学院　副院长
宋　华　武昌首义学院艺术与设计学院　副院长
唐　茜　武汉传媒学院艺术设计学院　院长助理
王梦林　汉口学院艺术设计学院　院长
王海文　武汉工商学院艺术与设计学院　副院长
吴　聪　江汉大学文理学院人文艺术学院　副院长
杨进珉　湖北大学知行学院艺术与设计系　主任
阮正仪　文华学院艺术设计系基础部　主任
张之明　武昌理工学院艺术设计学院　副院长
赵　文　湖北商贸学院艺术设计学院　院长
赵　侠　湖北工业大学工程技术学院艺术设计系　副主任
张　伟　武汉学院艺术系　主任

序

劳动创造是人类进化的最主要因素。从蒙昧的石器时期到营养的农耕社会，从延展机体的蒸汽革命到能源主导的电气时代，再扩展到今天智能驱动的互联网时代，人类靠不断地创造使自己成为世界的主人。吴冠中先生曾经说过：科学探索物质世界的奥秘，艺术探索精神情感世界的奥秘。艺术与设计恰恰是为人类更美好的物化与精神情感生活提供全方位服务的交叉应用学科。

当前，在产业结构深度调整，服务型经济迅速壮大的背景下，社会对设计人才素质和结构的需求发生了一系列的新变化……并对设计人才的培养模式提出了新的挑战。现在一方面是大量设计类毕业生缺乏实践经验和专业操作技能，其就业形势严峻；另一方面是大量企业难以找到高素质的设计人才，供求矛盾突出。随着高校连续十多年扩招，一直被设计人才供不应求所掩盖的教学与实践脱节的问题更加凸显出来，并促使我们对设计教学与实践进行反思。目前主要问题不在于设计人才的培养数量，而是设计人才供给、就业与企业需求在人才培养方式、规格上产生了错位。要解决这一问题，设计教育的转型发展是必然趋势，也是一项重要任务。向应用型、职业型教育转型，是顺应经济发展方式转变的趋势之一。李克强总理明确提出要加快构建以就业为导向的现代职业教育体系，推动一批普通本科高校向应用技术型高校转型，并把转型作为即将印发的《现代职业教育体系建设规划》和《国务院关于加快发展现代职业教育的决定》中强调的优先任务。

教材是课堂教学之本，是展开教学活动的基础，也是保障和提高教学质量的必要条件。不少高校囿于种种原因，形成了一个较陈旧的、轻视应用的课程机制及由此产生的脱离社会生活和企业实践的教材体系，或以老化、程式化的教材结构维护以课堂为中心的教学方法。为此，组建各类院校设计专业骨干构成的作者团队，打造具有实践特色的教材，将促进师生的交流互动和社会实践，解决设计教学与实践脱节等问题，这也是设计教育改革的一次有益尝试。

该系列教材基于名师定制知识重点、剖析项目实例、企业引导技能应用的方式，实现教材“用心、动手、造物”的实战改革思路，充分实现“学用结合”的应用人才培养模块。坚持实效性、实用性、实时性和实情性特点，有意简化烦琐的理论知识，采用实践课题的形式将专业知识融入一个个实践课题中。该系列教材课题安排由浅入深，从简单到综合；训练内容尽力契合我国设计类学生的实际情况，注重实际运用，避免空洞的理论介绍；书中安排了大量的案例分析，利于学生吸收并转化成设计能力；从课题设置、案例分析、参考案例到知识链接，做到分类整合、交互相促；既注重原创性，也注重系统性；整套教材强调学生在实践中学，教师在实践中教，师生在实践与交互中教学相长，高校与企业在市场中协同发展。该系列教材更强调教师的责任感，使学生增强学习的兴趣与就业、创业的能动性，激发学生不断进取的欲望，为设计教学提供了一个开放与发展的教学载体。笔者仅以上述文字与本系列教材的作者、读者商榷与共勉。

原湖北工业大学艺术设计学院院长
现任武汉工商学院艺术与设计学院院长
湖北工业大学学术委员会副主任

前言

在高等教育应用技术型院校艺术设计类专业规划教材编委会的指导与支持下，我们联合多所高校长期从事设计和设计管理教学与研究的资深教授、学者及多年担任设计经理、设计师、设计管理者等专业人员组成的多学科团队研究编写了本书。本书分上下两篇，上篇为设计管理篇，主要内容包括设计管理的理念，设计管理的基本特征，设计管理的作用，设计管理组织及创新，设计战略管理，设计项目管理，设计团队管理，设计计划管理，设计评估，设计沟通，设计管理典型案例解析；下篇为设计法规篇，主要内容包括设计法规的概念，设计法规的范畴，设计法规的内容及特征，现代设计与知识产权战略，设计与知识产权的关系，设计知识产权的本质，设计知识产权保护的有效途径，以及设计专利作品、设计作品的著作权保护等。这是一部为适应和完善艺术设计类专业学生的知识结构、能力结构而编写的实践性、应用性都很强的专著或实用教材，并定为高等教育应用技术型大学艺术设计类专业本科教材。

本书的特色和创新之处就在于把设计管理与设计法规很好地交叉融合起来，为高等学校艺术设计类专业提供了一门跨学科特色课程，引导学生学习了解设计管理与设计法规的基本知识，并具备一定的设计策划与管理和设计知识产权保护的能力。本书强调设计管理与法规是企业竞争的利器、设计活动成功的前提，其根本就是要有效地调动设计师的开发创造性思维，提高产品开发设计的效率，保护设计作品的知识产权，这是本书写作和出版的起点，也体现了作者对设计管理与法规精准的敏锐性和洞察力。本书为适用应用技术型大学艺术设计类专业教师好教、学生好学的需要，采用理论知识与实践案例分析相结合、国内与国外相结合、文案与图表相结合的方法，使用了大量国内外典型实例和图片说明观点，图文并茂，具有一定可读性。同时，为配合教学，还设置了课程讨论练习题，从而突出了应用性、技能性和实践性的特色。本书除适合作为高校本、专科及研究生设计类专业的教材与参考书，也适于企业经营者、设计经理人、项目经理、设计师、工程师等的专业工具书。

本书编写人员单位及分工：

杜沛然 武昌首义学院 上篇 第 1 章 设计管理概述

许志强 湖北工业大学 上篇 第 2 章 设计管理组织

曹英 武汉工程大学 上篇 第 3 章 设计项目管理

许志强 湖北工业大学 上篇 第 4 章 设计沟通管理

朱炜 湖北汽车工业学院 上篇 第 5 章 设计团队管理

李涛 武昌首义学院 上篇 第 6 章 设计管理典型案例解析

周承君 湖北工业大学 下篇 第 7 章 设计法规概述

杜沛然 武昌首义学院 下篇 第 8 章 现代设计与知识产权战略

蒋莉 湖北工业大学工程技术学院 下篇 第 9 章 设计作品专利权

蒋莉 湖北工业大学工程技术学院 下篇 第 10 章 设计作品著作权

许志强 湖北工业大学 下篇 第 11 章 相关设计法规链接

由于时间仓促和编者水平有限，书中难免还存在一些不妥和错误之处，恳请读者及同行批评指正。

编者

2017 年 7 月于武汉

目录
contents

上篇　设计管理篇

第1章　设计管理概述 …… 12
1.1 设计管理的理念 …… 12
1.2 设计管理的理论体系 …… 15
1.3 设计管理的基本特征 …… 17
1.4 设计管理的作用 …… 18

1

第2章　设计管理组织 …… 19
2.1 设计管理组织概述 …… 19
2.2 设计管理组织的运作形态 …… 20
2.3 设计管理组织的创新 …… 23

2

第3章　设计项目管理 …… 25
3.1 设计项目管理概述 …… 25
3.2 设计项目管理准备 …… 27
3.3 设计计划管理 …… 33
3.4 设计评估 …… 35

3

第4章　设计沟通管理 …… 41
4.1 沟通的性质 …… 41
4.2 设计沟通及其特征 …… 41
4.3 设计沟通管理的方法 …… 44

4

第5章　设计团队管理 …………………………………………… 47
5.1 团队概述 …………………………………………… 47
5.2 设计团队的要素 …………………………………………… 50
5.3 设计团队的组织模式 …………………………………………… 53
5.4 设计团队管理 …………………………………………… 59

第6章　设计管理典型案例解析 …………………………………………… 64
6.1 PHILIPS的设计管理 …………………………………………… 64
6.2 苹果公司的设计管理 …………………………………………… 65
6.3 海尔集团的设计管理 …………………………………………… 69

下篇　设计法规篇

第7章　设计法规概述 …………………………………………… 74
7.1 国家创新战略与设计法规 …………………………………………… 74
7.2 “设计法规”的概念与范畴 …………………………………………… 75
7.3 “设计法规”的特征 …………………………………………… 76

第8章　现代设计与知识产权战略 …………………………………………… 80
8.1 知识产权概述 …………………………………………… 80
8.2 设计知识产权概述 …………………………………………… 84
8.3 设计知识产权保护的有效途径 …………………………………………… 86

第9章　设计作品专利权 …… **88**
9.1 设计专利概述 …… 88
9.2 外观设计专利 …… 91
9.3 专利权的保护 …… 95

第10章　设计作品著作权 …… **98**
10.1 设计作品概述 …… 98
10.2 著作权的内容 …… 100
10.3 设计作品的著作权保护期间 …… 102
10.4 著作权与其他相关权利的关系 …… 103

第11章　相关设计法规链接 …… **105**
11.1 商标设计原则与规范 …… 105
11.2 广告设计原则与规范 …… 107

主要参考文献 …… **110**

1

上篇 设计管理篇

第1章 设计管理概述

1.1 设计管理的理念

1.1.1 设计管理的定义

设计管理是国际上设计学和管理学的新兴交叉学科。关于设计管理的概念众说纷纭，不少人从不同的角度对设计管理的定义做过一些不同的界定。本书所讲的设计管理，侧重于企业以设计为重心的活动。

设计管理的第一个定义由英国设计师米歇尔·法瑞（Michael Farry）于1966年首先提出，“设计管理是界定设计问题，寻找合适的设计师，且尽可能地使设计师在既定的预算内及时解决设计问题”，他把设计管理视为解决设计问题的一项功能，侧重于设计管理的导向，而非管理的导向。

英国伦敦商学院彼德（Peter）教授对设计管理的定义为：“从管理的角度看，设计是一种合作性的为使产品达到某种目标的计划过程；因此设计管理是这个计划过程中一个重要的也是最为核心的方面。”

澳大利亚悉尼大学美术学院院长钮曼（Ron Newman）先生较为推崇彼得·乔布（Peter Gorb）先生关于设计管理的观点，即“设计管理就是项目经理为了实现共同目标，对现有的可利用的设计资源进行有效的调用。”

韩国产业设计振兴院院长郑庆源认为：“设计管理是一个研究领域，它把设计管理作为一个管理的工具，研究管理者、设计师和专家的知识结构，用以实现组织目标并创造有生命力的产品。设计管理旨在有组织地联合创造性及合理性去完成组织战略，并最终为促进环境文化做出贡献。”

B&O公司的设计管理负责人，欧洲设计管理方面的知名人士彦根·巴尔苏则认为：“设计管理就是选择适当的设计师，协调他们的工作，并使设计工作与产品和市场政策一致。”

归纳起来，可以作这样的概括：设计管理即引导企业整体文化形象的多维的管理程序。设计管理是企业发展策略和经营思想计划的实现，是视觉形象与技术的高度统一的载体。以开发、设计为龙头，正确调整企业的活动与组织机构，创造出越来越具体化的属于其自身的表现形式，从而逐渐形成企业技术与文化的形象。因此，设计管理就是“根据使用者的需求，有计划有组织地进行研究与开发管理活动。有效地积极调动设计师的开发创造性思维，把市场与消费者的认识转换在新产品中，以新的更合理、更科学的方式影响和改变人们的生活，并为企业获得最大限度的利润而进行的一系列设计策略与设计活动的管理。” 设计管理即界定设计问题与目标，寻找合适的设计师，整合、协调或沟通设计所需的资源，运用计划、组织、监督及控制等管理手段，寻求最合适的解决方法，并通过对设计战略、策略与设计活动的管理，在既定的预算内及时有效地解决问题，实现预定目的。设计管理的核心是开发新产品，而新产品开发的程序把握、管理实施就成为设计管理的具体化表达。

设计管理包括战略性的设计管理和实务性的设计管理两个层次。战略性的设计管理是指在战略的高度上，将设计作为企业运作的一个重要组成部分，对整个企业的各项活动贯注相应的企业设计理念，并进行相应的规划与指导。实务性的设计管理是确保企业具有一个运转良好的设计部门，作为企业在设计方面的智囊，并实施具体的设计任务。

设计管理使企业的运作走向良性循环，企业要依循设计的原则和策略在企业开发生产经营活动中对各部门进行指导，以实现设计目标，使产品增值。成功地运用设计管理，可使企业在战略策划阶段就蕴含了经营的策略，策略上的优势也为企业的产品奠定了良好的基础。

1.1.2　设计管理的范围与内容

设计管理的范围与内容是极具弹性的。随着企业对设计越来越重视，以及设计活动的不断扩展，设计管理的范围与内容也在不断充实和发展。一些专家学者根据不同的管理活动与内客，将设计管理的范围分成不同的层次，以便不同的管理参与人员在应有的职责范围内充分发挥对设计的管理作用。

设计管理的范围包括两个层面：第一层面是战略层面的设计管理。企业设计工作的各个方面相互交织的内在关系十分复杂，几乎涉及企业的每一个细胞，必须在企业内部建立一种新的、有力的系统来管理设计。由于企业的特点千差万别，设计管理的组织结构也各不相同。但总体而言，设计管理的组织结构应该是自上而下的，决策部门应有人全权负责设计管理，统一协调企业各方面的设计活动，提高企业的工作效率，促进产品的研发过程。这就意味着在决策部门中至少有一位对设计有浓厚兴趣，并有一定水平的人士负责企业的设计工作，而且能够站在企业战略角度参与管理，这是一个企业能够建立设计管理战略的关键。为了在实践中管理设计，企业还需要在各部门建立起一系列的设计管理工作小组，构成日常的设计管理网络，将设计管理的概念落实到企业的方方面面。这种网络必须建立一种保证设计各方面能最大限度交流和直截了当联系的机制，避免互不通气带来的弊端。

为了控制企业的统一形象，企业有必要建立一套完整的企业设计指导性文件。这种文件通常是一套设计标准手册，用来控制企业的设计活动，全面、正确地体现企业精神、经营思想、发展战略。这套手册不仅应包括企业标志、标准色、标准字体等平面视觉要素及其应用规范之类。企业识别计划体系的内容，还应包括企业产品设计、环境设计的指导原则及形态特征，以保证设计工作的连续性。

第二层面是职能层面的设计管理。职能层面的设计管理是指设计事务管理、设计师管理和设计项目管理。设计事务管理主要负责实际的设计工作、设计咨询或公司内部设计部门方面的具体事务。通常是由那些被提升为设计经理的设计师来负责。如确定设计任务书、安排设计进度、控制时间及成本等。

设计师管理主要负责设计师的选择和确定设计师的组织形式，如确定是选用企业以外的顾问设计师或设计事务所进行委托设计，还是建立自己的设计部门，或者是两者兼而有之。为了保证企业设计的连续性，有必要保持设计人员的相对稳定，同时又必须为新一代的设计师创造机会，为设计注入新的活力，设计管理必须对此做出长远的安排。

设计项目管理就是对设计产品研发过程进行每个项目的管理，这是短期的设计管理行为。设计管理的内容主要包括：

1. 设计战略管理

设计战略管理是指在战略的高度上，将设计作为企业运作的一个重要组成部分，对整个企业的各项活动贯注相应的企业设计理念，并进行相应的规划与指导。企业必须具备自己的设计战略，并加以良好的管理。设计战略是企业经营战略的组成部分之一，是企业有效利用工业设计这一经营资源，提高产品开发能力，增强市场竞争力，提升企业形象的总体性规划。设计战略是企业根据自身情况做出的针对设计工作的长期规划和方法策略，是对设计部门发展的规划，是设计的准则和方向性要求，一般包括产品设计战略、企业形象战略。设计战略管理要逐步渗透到企业的营销设计、事业设计、组织设计、经营设计等方面，与经营战略的关系更加密切。其管理的目的是要使各层次的设计规划相互统一、协调一致。

2. 设计目标管理

设计必须有明确的目标。设计目标是企业的设计部门根据设计战略的要求组织各项设计活动预期取得的成果。企业的设计部门应根据企业的近期经营目标制定近期的设计目标。除战略性的目标要求外，还包括具体的开发项目和设计的数量、质量目标、营利目标等。作为某项具体的设计活动或设计个案，也应制定相应的具体目标，明确设计定位、竞争目标、目标市场等。其管理的目的是要使设计能吻合企业目标、吻合市场预测，以及确认产品能在正确的时间与场合设计与生产。

3. 设计程序管理

设计程序管理也称为设计流程管理，其目的是为了对设计实施过程进行有效的监督与控制，确保设计的进度，并协调产品开发与各方关系。由于企业性质和规模、产品性质和类型、所利用技术、目标市场、所需资金和时间要求等因素的不同，设计流程也随之相异，有各种不同的提法，但都或多或少地归纳为若干个阶段。如英国标准局的“bs7000：1989”手册，将产品创新程序规定为动机需求（动机—产品企划—可行性研究）、创造（设计—发展—生产）、操作（分销—使用）、废弃（废弃与回收）四个阶段；日本国际设计交流协会为亚洲地区制作的设计手册将设计行为分为“调查”（调查、分析、综合）、“构思”（战略、企划、构想）、“表现”（发想、效果图、模型）、“制作”（工程设计、生产、管理）、“传达”（广告、销售、评价）五个阶段。然而不管如何划分，都应该根据企业的实际情况做出详细的说明，针对具体情况实施不同的设计程序管理。

4. 设计系统管理

为使企业的设计活动能正常进行，使设计发挥最大的效率，必须对设计部门系统进行良好的管理。不仅指设计组织的设置管理，还包括协调各部门的关系。同样，由于企业及其产品自身性质、特点的不同，设计系统的规模、组织、管理模式也存在相应的差别。从设计部门的设置情况来看，常见的有领导直属型、矩阵型、分散融合型、直属矩阵型、卫星型等形式。不同的设置形式反映了设计部门与企业领导的关系、与企业其他部门的关系以及在开发设计中不同的运作形态。不同的企业应根据自身的情况选择合适的设计管理模式。

设计系统的管理还包括对企业不同机构人员的协调工作，以及对设计师的管理，如制定奖励政策、竞争机制等，以此提高设计师的工作热情和效率，使设计师的创作灵感得到充分的发挥。

5. 设计质量管理

设计质量管理是使提出的设计方案能达到预期的目标并在生产阶段达到设计所要求的质量。在设计阶段的质量管理需要依靠明确的设计程序并在设计过程的每一阶段进行评价。各阶段的检查与评价不仅起到监督与控制的效果，其间的讨论还能发挥集思广益的作用，有利于设计质量的保证与提高。

设计成果转入生产以后的管理对确保设计的实现至关重要。在生产过程中设计部门应当与生产部门密切合作，通过一定的方法对生产过程及最终产品实施监督。

6. 知识产权管理

在知识经济时代，知识产权的价值对企业经营有着特殊的意义。在信息化、全球化的进程中，一方面对知识产权的保护意识越来越强，制度的制定与运用也日渐完善，但另一方面在现实生活中对其有意无意的侵占和模仿十分严重。因此，企业应该有专人负责知识产权管理工作。对设计工作者来说，则要保证设计的创造性，避免出现模仿、类似甚至侵犯他人专利的现象。应有专人负责信息资料的收集工作，并在设计的某一阶段进行审查。设计完成后应及时申请专利，对设计专利权进行保护。

随着科学技术的日新月异，面对激烈的全球竞争，设计概念的内涵和外延都在不断发生变化。设计实际上不仅与产品融为一体，也日益与管理自然地融合在一起。设计管理作为一门新的研究领域，一种应对激烈竞争的最具潜力的工具，也正在飞速的发展，并且受到愈来愈多人的关注。设计管理的研究运用将会成为企业发展的突破口，并在今后的社会生产行为中发挥重要的作用。

1.2　设计管理的理论体系

构成设计管理理论框架的基本要素有设计决策、设计组织、设计项目管理以及设计创新。这些要素之间是相辅相成、互为关联的。成功的设计离不开正确的决策，而设计决策必须通过设计组织、环境，以及有效的设计项目管理才能得以实现。而设计创新始终渗透在每一个具体的设计管理活动之中，它既是设计管理的最终目标，也是达成设计成功的原动力，因而它在整个设计管理活动中始终处于核心地位。

对设计管理理论的研究大都是围绕设计决策、设计组织、设计项目管理及设计创新等要素展开的。

设计创新始终渗透在每一个具体的设计管理活动之中。它既是设计管理的最终目标，也是达成设计成功的原动力。因而，设计创新在整个设计管理活动中始终处于核心地位。

图 1-1　设计管理理论体系基本架构

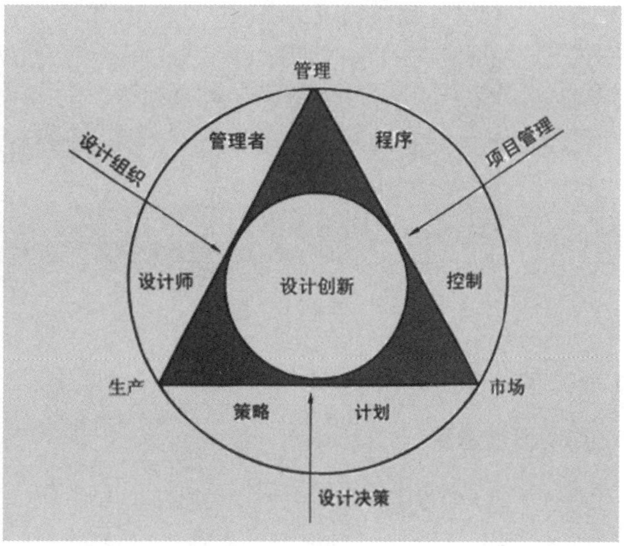

图 1-2　设计管理理论体系基本架构

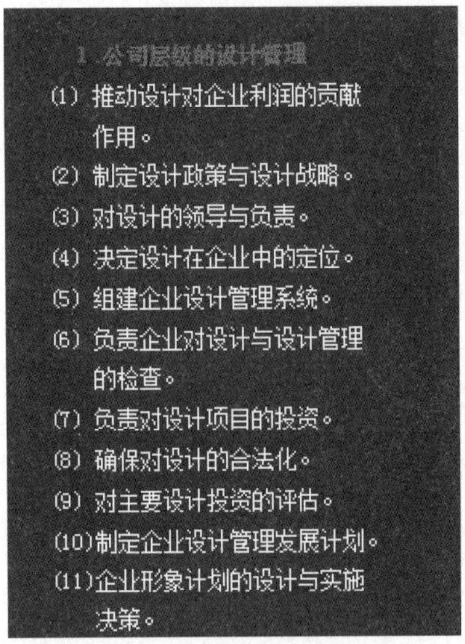

图 1-3　设计管理的范围与内容

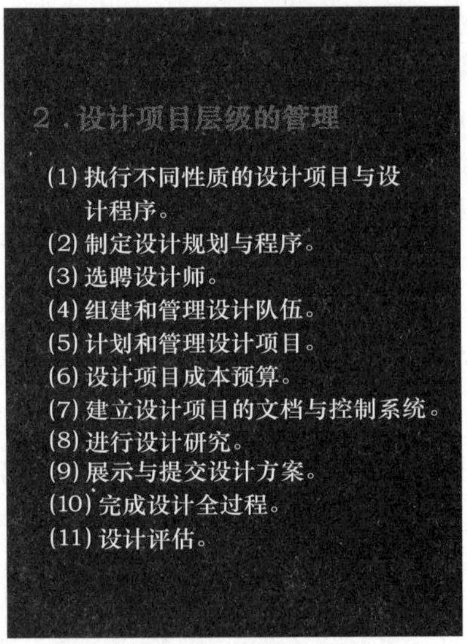

图 1-4　设计管理的范围与内容

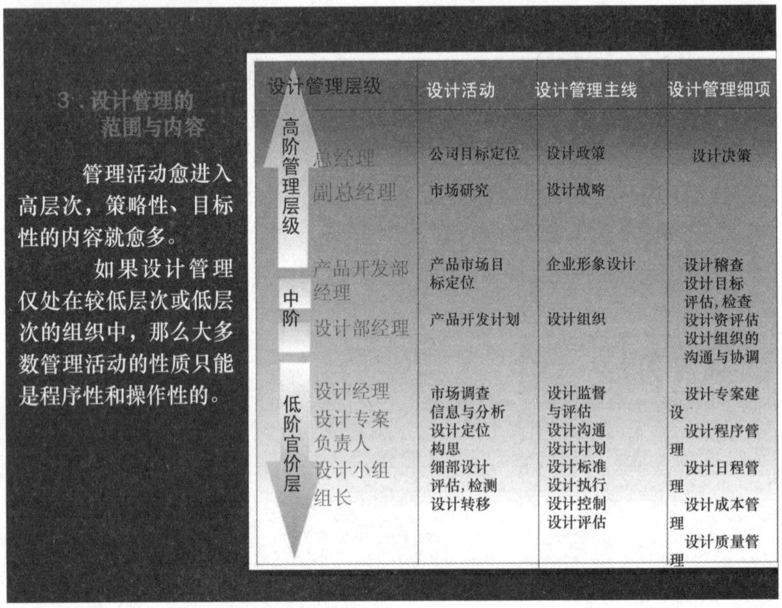

图 1-5　设计管理的范围与内容

1.2.1　设计决策

设计决策是人们为了实现某种目标而制订的行动方针。任何社会上的管理活动都离不开决策，设计管理也不例外。在设计管理活动中，正确的设计决策是使企业的设计取得成功、达到设计目标，是企业成功经营的基础和保证。因此，进行正确的设计决策在设计管理活动中是至关重要的。

设计决策是一个复杂的系统过程。管理者要做出正确的设计决策，最基本的一点就是要正确了解企业内部与外部的环境因素，明确组织要达到的基本目标和要求。在明确组织目标和要求的基础上，才能根据自身的实际情况，做出科学合理的决策。

1.2.2　设计组织

设计组织是执行设计决策的基础和保证。没有一个科学合理的设计组织，各层次的设计目标就无法实现 。根据设计活动的展开特征，构建合适的设计组织，成立切合运作实际的设计队伍，创造一个良好的组织环境是设计管理的一项重要内容。

1.2.3　设计项目管理

设计项目管理就是对某个具体的设计项目进行管理。因此，设计项目管理活动始终与设计的程序一起并行发展。从本质上讲，对一个具体设计项目的管理就是对整个设计运作过程中的程序管理 。

1.2.4　设计创新

设计的过程是一个从无到有的创造过程，在产品的设计过程中，从发掘市场中的潜在需求因素到市场目标的定位；从抽象的设计概念到具体产品形态的形成；从平面图纸到三维立体产品模型的确立，每一个发展阶段和步骤都离不开创新。因此，作为对设计的管理，其过程就必然离不开创新。设计管理者的创新思想、创新意识也必然体现在对设计发展各阶段的具体管理活动之中。

1.3　设计管理的基本特征

1.3.1　高度重视设计

高度重视设计是一切设计管理的前提。因为设计是企业成功的关键要素，管理者要把设计与其他的经营活动一样放在同等重要的位置，把设计作为管理的重要工具 。只有把设计作为管理的工具，才能使企业内部的各种资源获得最大限度的发挥和利用，从而使企业获得向前发展的动力。判断企业是否重视设计，是否真正把设计作为管理的工具，主要看设计在设计组织中是否被作为战略计划中的一个部分，是否作为组织信息系统中的一个部分，是否被贯穿在工作环境、生产、销售、服务等各个计划之中，设计是否在组织作用下将产品、服务和信息引入市场。

此外，要使企业高度重视设计，最主要的还是企业的高层领导要重视设计，要让设计进入高层领导的议事日程，真正使设计成为高层管理者日常管理活动中的一部分，并且使设计政策深入到企业各个阶层。

1.3.2　正确理解设计

正确理解设计是取得设计成功的关键。一些设计管理的专家学者把教育管理者具有设计方面的知识作为设计管理中的一项重要内容。要真正理解设计，就必须清醒地、正确地理解设计目标，正确地理解设计性质，正确地理解什么是好的设计，正确地理解产品形象。

1.3.3　逐步导入设计

逐步导入设计是取得设计成功的保障。企业正确导入设计的做法是先确定一个比较合适的设计项目，在较少投资和较短时间内完成该项目，并能取得较为明显的效果。等取得了成功，积累了一定经验后再执行另一个计划。

在逐步导入设计的过程中，选择好第一个设计项目至关重要。根据企业导入设计的一般规律，必须让第一个设计项目具备以下特点：

(1) 通过设计的导入，能改善经济、生产或技术等方面的企业行为。

(2) 能显示人与物、人与人之间的交流作用。

(3) 能调动起企业内部的最好技术与具有创造性的外部设计师的合作。

(4) 第一个设计项目能为企业随后的设计项目的展开提供指导作用。

1.4 设计管理的作用

1.4.1 产生好设计的重要措施

随着科学技术的进步，设计所涉及的材料、机械、结构和生产技术等方面的内容越来越复杂，设计所涉及的领域越来越宽，设计活动越来越复杂，设计群体越来越庞大，加之人们生活水平的日益提高，以及生活方式的不断变化，促使人们对设计提出了越来越高的要求。因此，可以说，现代设计必须依靠集体的力量才能完成，由此而引起的对设计管理的要求在设计过程中也日趋迫切。

1.4.2 实现设计目标的根本保障

设计是一种计划，对一个具体的产品来说，设计的目的就是要使产品能给用户带来真正的价值，使用户满意 。产品设计从市场调查到多种设计概念产生，直到最后付诸生产投入市场是一个复杂的过程，如果不进行有效的管理，最初制订的产品品质目标、产品市场目标、产品设计战略目标，很可能在设计的过程中受到干扰和误解而导致最终目标的偏离。因此，对整个设计过程的有效管理是达到这些目标的根本保证。

1.4.3 通向企业设计成功的必由之路

企业是生产产品的主体，也是利用设计的主体。然而，我国的大多数企业缺乏设计组织，缺乏对设计内涵的真正理解， 缺乏规范的设计执行过程，在利用设计时往往避重就轻，采用急功近利的方式，对设计的利用有失偏废，以致于出现了“产品过度包装” 、“企业过度包装” 、“虚假设计” 等现象，不仅不能使设计发挥出应有的作用，同时还造成设计的负面作用 。因此，要解决当今企业在设计中存在的这些问题，管理者就必须了解和掌握设计管理的有关理论，可以说设计管理是帮助管理者通向设计成功的必由之路。

练习思考题

1. 请思考设计与设计管理两者思维的差异性。

2. 请思考设计管理的重要措施与作用。

2

第 2 章　设计管理组织

2.1　设计管理组织概述

2.1.1　设计管理组织的定义

组织，一般有两种含义，一种是动词，就是有目的、有系统地集合起来，如组织群众，这种组织是管理的一种职能；另一种是名词，指按照一定的宗旨和目标建立起来的集体，如工厂、机关、学校、医院、各级政府部门、各个层次的经济实体、各个党派和政治团体等，这些都是组织。从名词上说的组织可以按广义和狭义划分。

（1）组织的含义

从广义上说，组织是指由诸多要素按照一定方式相互联系起来的系统。系统论、控制论、信息论、耗散结构论和协同论等，都是从不同的侧面研究有组织的系统的。从这个角度来看，组织和系统是同等程度的概念。

从狭义上说，组织就是指人们为实现一定的目标，互相协作结合而成的集体或团体，如党团组织、工会组织、企业、军事组织等。狭义的组织专指人群而言，运用于社会管理之中。在现代社会生活中，人们已普遍认识到组织是人们按照一定的目的、任务和形式编制起来的社会集团，组织不仅是社会的细胞、社会的基本单元，而且可以说是社会的基础。

巴纳德认为，正式组织是有意识地协调两个以上的人的活动与力量的体系。卡斯特对组织的定义是：一个属于更广泛环境的分系统，并包括怀有目的并为目标奋斗的人们；一个技术分系统——人们使用的知识、技术、装备和设施；一个结构分系统——人们在一起进行整体活动；一个社会心理分系统——处于社会关系中的人们；一个管理分系统——负责协调各分系统，并计划与控制全面的活动。组织的定义有很多，人们对组织的认识仍处于不断深入的过程中，随着人类实践的向前发展，人们的认识还会进一步演变和深化，但这并不妨碍人们对组织的理解。

（2）管理学中的组织定义

概念：组织是指为了实现既定的目标，按一定规则和程序而设置的多层次岗位及其有相应人员隶属关系的权责角色结构。

定义包含的特点：

①组织有明确的目标，是实现特定目标的工具；

②一致性活动的过程，即组织的日常运作；

③组织里个人职权角色有明显区分，即有不同层次的分工合作；

④领导掌握、指导组织中员工的各项活动运作，是一个有机的系统整体。

2.1.2 设计管理组织的结构

我们可以把组织的结构要素确定为：组织环境、组织目的、管理主体和管理客体。这四个基本要素相互结合，相互作用，共同构成一个完整的组织。

（1）组织环境

组织环境是组织的必要构成要素。组织是一个开放系统，组织内部各层级、部门之间和组织与组织之间，每时每刻都在交流信息。任何组织都处于一定的环境中，并与环境发生着物质、能量或信息交换关系，脱离一定环境的组织是不存在的。组织是在不断与外界交流信息的过程中，得到发展和壮大的。所有管理者都必须高度重视环境因素，必须在不同程度上考虑到外部环境，如经济的、技术的、社会的、政治的和伦理的等，使组织的内外要素互相协调。

（2）组织目的

组织目的也是一个组织的要素。所谓组织目的，就是组织所有者的共同愿望，是得到组织所有成员认同的。任何一个组织都有其存在的目的，建立一个组织，首先必须有目的，然后建立组织的目标，如果没有目的，组织就不可能建立。已有的组织如果失去了目的，这个组织也就名存实亡，而失去了存在的必要。企业组织的目的，就是向社会提供用户满意的商品和服务，从而为企业获得尽量多的利润。政府行政部门的目的是提高办公效率，更好地为广大市民服务。设计组织的目的是发挥设计师的个人才能，激励设计师的工作欲望，提高设计师的工作能力，建立有利于创造的组织环境。

（3）管理主体与管理客体

组织组成要素应当是相互作用的，或者说是耦合的。在组织中，这两个相互作用的要素是管理主体和管理客体。管理主体是指具有一定管理能力，拥有相应的权威和责任，从事现实管理活动的人或机构，也就是通常所说的管理者。管理客体是管理过程中在组织中所能预测、协调和控制的对象。

管理主体与管理客体之间的相互联系和相互作用构成了组织系统及其运动，这种联系和作用是通过组织这一形式而发生的。管理主体相当于组织的施控系统，管理客体相当于组织的受控系统。组织是管理主体与管理客体依据一定规律相互结合，具有特定功能和统一目标的有序系统。在管理的过程中，管理主体领导管理客体，管理客体实现组织的目的，而管理客体对管理主体又有反作用，管理主体根据管理客体对组织目的的完成情况，从而调整管理主体的行为。它们通过这样的相互作用，形成了耦合系统，从而更好地实现组织的目的。

2.2 设计管理组织的运作形态

2.2.1 设计组织的分类

设计组织的分类可以从组织的规模程度、组织的社会职能、组织内部是否有正式分工关系等几个方面进行分类。

（1）从组织的规模程度去分类，可分为小型的组织、中型的组织和大型的组织。

比如，同是企业组织，就有小型企业、中型企业和大型企业；同是医院组织，就有个人诊所、小型医院和大型医院之分；同是行政组织，就有小单位、中等单位和大单位之分。按这个标准进行分类是具有普遍性的，不论何类组织都可以作这种划分。以组织规模划分组织类型，是对组织现象的表面的认识。

（2）按组织的社会职能分类，可分为文化性组织、经济性组织和政治性组织。

文化性组织是一种人们之间相互沟通思想、联络感情，传递知识和文化的社会组织，各类学校、研究机关、艺术团体、图书馆、艺术馆、博物馆、展览馆、纪念馆、报刊出版单位、影视电台机关等都属于文化性组织。文化性组织一般不追求经济效益，属于非盈利组织。而经济性组织是一种专门追求社会物质财富的社会组织，它存在于生产、交换、分配、消费等不同领域，工厂、工商企业、银行、财团、保险公司等社会组织都属于经济性组织。政治性组织是一种为了某个阶级的政治利益而服务的社会组织，国家的立法机关、司法机关、行政机关、政党、监狱、军队等都属于政治性组织。

（3）按组织内部是否有正式分工关系分类，可分为正式组织和非正式组织。

如果一个社会组织内部存在着正式的组织任务分工、组织人员分工和正式的组织制度，那么它就属于正式组织。政府机关、军队、学校、工商企业等都属于正式组织。正式组织是社会中主要的组织形式，是人们研究和关注的重点；而如果一个社会组织的内部既没有确定的机构分工和任务分工，没有固定的成员，也没有正式的组织制度等，这种组织就属于非正式组织。非正式组织可以是一个独立的团体，比如学术沙龙、文化沙龙、业余俱乐部等，也可以是一种存在于正式组织之中的无名而有实的团体。这是一种事实上存在的社会组织，这种组织现在正日益受到重视。在一个正式组织的管理活动中，应特别注意非正式组织的影响作用。对这种组织现象的处理，将会影响到组织任务的完成和组织运行的效率。

2.2.2　设计组织的运作形态

企业内设计部门组织运作管理设计有四个过程：

（1）计划设计——为设计确定目标，制定短期或长期的计划安排，选择最合适的过程，并预先在此领域内确定未来行动的主要任务。

（2）组织设计——根据已定计划，为设计发展组织性的结构，它包括设计资源的技能及配置。

（3）监督设计——是激励全体员工和设计组织，执行预定计划的行为。

（4）控制设计——为设计确定直接的设计行为，并判断是否要按预先的设计计划。

我们可以以荷兰 PHILIPS、日本 SONY 等成功企业为例，它们大多数都采取一种较为正规的方法来管理从研究到市场行销的整个设计流程：

项目的提出

提出明确的目标

↓

市场调查

确认市场有需求

①考察有无其他途径、方式或产品能成为潜在竞争对象

②若有同类产品时分析价格、性能、款式、销售状况、生产厂家状况、市场竞争状况

③与现有产品比较看是否有具有优越性

④分析收入、地理、性别、年龄、消费习惯、文化层次等因素，找到合适的市场空隙

↓

市场定位

该项目广义市场状况

①细分目标市场及理由

②细分市场的购买能力及消费习惯

③目标消费者的具体使用环境与习惯使用方式

④满足目标消费者的产品最低性能与技术指标

↓

项目确定

①确定项目路线主导方向

②功能定位，技术实验

③性能指标定位

④体积款式指向，风格流派的确定

⑤产品的价格指标

⑥系列发展计划

⑦销售预测，投资预算

⑧销售手段及方案意见

↓

草案设计

①了解生产厂家或部门的设备、技术条件、材料供应、企业标准等状况

②原产品进行成本分析

③同类产品做价值工程分析

④技术可行性方案

⑤不同成本与销售价格方案

⑥不同形式、款式的方案

↓

草案综合

①综合出新的方案

②方案评估：成本与经济性、方案的式样与色彩、目标性能与指标

③消费者习惯、生产工艺的可能性、产品的安全可靠性、标准、零部件

④原材料的供应、储运、货架效应

↓

方案的确立

①修正方案

②模型制作

③样机结构草图

↓

技术性实验与设计

↓

样机制作

↓

企业或部门技术工作

①生产线准备

②试产

↓

市场的销售

从设计的流程我们不难看出，设计管理组织的运作是个相当庞大而复杂的工程。在产品设计的过程中，从挖掘市场的潜在需求因素到市场目标定位；从抽象的设计概念到具体的形成；从平面图纸到三维立体产品模型的确立，最终到市场，包含着方方面面的人和事。设计管理过程就是企业把与设计有关的各种因素，如市场、营销、广告、企业形象、工程技术等加以有效整合，达成一致，使自己的产品不断创新，有所作为。

2.3　设计管理组织的创新

设计在企业战略发展中占有重要的地位，它决定着产品的整个过程，以及企业的营销活动。现代设计的开拓者，沃尔特·格罗皮乌斯曾说过：设计师的第一责任就是他的业主，在社会无法接受之前，设计师不能将革命性的设计方案提供给社会。这说明了设计的第一服务对象是企业。没有企业平台，设计师就不可能将其设计方案变成现实产品，以达到最终为社会、为受众服务的目的。同样，企业的任务是生产产品以满足广大受众的需求，如果没有科学的设计，企业则不可能有效地进行营销活动。所以设计的成败，极大地影响和决定着企业的命运。尤其是设计创新在加强产品，甚至整个企业的竞争力方面，显示出了巨大的作用。因为只有通过设计创新，才能树立产品的独特个性，树立独特的品牌形象，满足消费者的个性需求。

设计创新的实现是一个复杂的过程，包含了一系列的工作，它需要有市场调研来了解市场状况、制定设计创新策略、管理设计师等。由此可知设计创新是需要管理的，需要通过设计管理来推动设计创新。

2.3.1　强化设计管理者的创新意识

从管理学的角度来讲，管理通过计划、组织、领导和控制工作的诸过程来协调所有的资源，以便达到既定的目标，设计管理也不例外。它的实施也是在这一系列过程中通过协调各种设计资源，最终使设计达到既定的结果。因此设计管理者必须要具有管理方面的协调能力及经验，同时又有熟悉设计及有关技术问题，熟悉和了解被管理的对象、内容以及具备设计意识，能掌握与设计师交流的方法、识别图纸、具有评价设计的能力等。总之，作为一名设计管理者，它必须是一个既懂管理又通设计的通才，同时，设计管理者在企业中必须具有一定的地位，能自由地与各方面人员进行交流与指导，对设计具有一定的决策权。高层管理者的重视与直接参与可以说是设计创新执行的前提，也就是说设计创新需要得到企业高层管理者的支持与肯定，更需要强化设计管理者的创新意识，否则设计创新也是一句空话。

2.3.2 发挥设计师的个人能力

设计师是设计创新的核心人物，设计师的创意直接关系到设计创意的实现与成败。如何才能更好地发挥设计师的创新才能呢？这将是设计管理者最为重要的工作。

（1）选择合适的设计师

不同的设计师具有不同的设计思维、不同的设计观念，最终表现出不同的设计风格，不同的设计师也具有不同的能力水平与方向。根据设计项目的特点与要求，必须选择相应的设计师进行设计，这样才能更好地完成任务。所以设计管理者必须非常清楚每一个设计师的特点，可以按照设计师的设计风格、能力水平、专长等方面对设计师进行分类，以方便设计管理者进行工作，从而充分地发挥每一个设计师的才能，真正做到人尽其才，提高设计管理工作的效率。

（2）调动设计师的积极性

设计师的工作欲望将极大地影响设计师创意才能的发挥，因此，设计管理者应该了解人们产生欲望的规律。行为科学的创始人马斯洛认为欲望来自需求，人是有需要的，人都会为获得一定的需要而行动。在某一层需求得到满足后，又会开始对更高一层需要的追求。设计管理者可以根据这一规律制定一套适宜激发设计师工作欲望的制度与措施，从而能够更好、更大地激发设计师的工作积极性。

（3）加强设计师创新能力的培养

创新能力包括创新意识、想象能力、形象创造能力、敏锐的观察能力。创新是设计的灵魂，没有创新，设计就没有发展，就没有设计。设计师只有拥有强大的创新能力，才能设计出独特的、与众不同的、具有极大吸引力的新产品。

设计管理者可针对每一个设计师的特点，制定出相宜的培养计划，这将有利于更快、更好地提升设计师的设计创新能力，有利于产品的创新设计。

2.3.3 建立创新的组织环境

创新的组织环境将有利于发挥人的创新能力，建立创新的组织文化有利于创新的组织环境的建立。创新的组织文化重视交流与沟通，等级观念淡薄，各种人才一视同仁，组织间的交流活跃，职责范围较宽，重视个人作用，也重视发挥团队作用。无论是企业决策者还是参与设计的设计师及企业其他部门人员，都应以开发优秀的设计作品为根本目的，因此要建立良好的沟通机制和渠道，形成良好合作交流的平台和强有力的执行措施，以保障设计的创作构思和执行的完成。企业要建立科学有序的设计组织机构，在培养具有优秀创新能力的设计师的同时，选拔有良好的组织协调能力和设计管理能力的人员是同等重要的。

练习思考题

1. 设计管理组织的结构及其运作形态。

2. 如何进行设计管理组织的创新？

3

第 3 章　设计项目管理

3.1　设计项目管理概述

3.1.1　设计项目管理的概念

1. 项目

项目的概念涵盖很广，从某项技术、产品研发任务，到某个人才引进计划、教育事务等，都被称为项目。

德国国家标准 DIN69901 认为，项目是在总体上符合如下条件的唯一性任务：具有预定的目标；具有时间、账务、人力和其他限制条件；具有专门的组织。

美国较权威的项目管理教材《项目管理——一种计划、进度规划和控制的系统方法》中对项目的定义是："项目可以被视为具有下列特征的任何系列活动或任务：有确定的起点和终点；有一个明确的目的及详细的目标规定；有资金限定（如可能）；需要资源（如货币、人员、设备）。"

从以上各种对项目概念的描述可以引申出，设计项目是在一定约束条件下，为完成相关设计任务而凝聚一个组织大量时间、精力、金钱、智慧等资源的活动。设计项目具有两大基本特征：一是主观方面的特征，即设计项目是作为一定的管理主体的被管理对象和管理手段而存在的；二是客观方面的特征，即设计项目在客观上必须具备单次性任务 (活动) 的属性。

2. 设计项目管理

现代设计由于所涉及的面越来越广泛，所需考虑的因素也越来越全面，已发展成为一门综合性交叉学科。项目管理的理论与技术正广泛地应用在当今设计界。设计项目管理本质上就是项目管理，因此项目管理的基本原理、方法也适用于设计项目管理。同时，它也是一种更注重实务性的设计管理。设计项目管理是以设计项目为对象的系统管理的方法，它通过寻找合适的设计师、工程师、财务员、业务员等建立一个临时性专门的设计团队 (设计小组)，对设计项目进行高效率的计划、组织、指导和控制，以实现设计项目全过程的整合，对设计所需资源合理配置，对设计项目目标进行综合协调与优化。这是一种理想状态的设计项目管理的定义，它更注重设计项目管理的实务性、操作性，属于设计管理层次中较低层次的功能性设计管理。

设计项目管理是以设计项目为对象的系统管理方法，它通过寻找合适的设计师、工程师、财务员、业务员等建立一个临时性专门的设计团队（设计小组），对设计项目进行高效率的计划、组织、指导和控制，以实现设计项目全过程的整合，设计所需资源合理配置和设计项目目标的综合协调与优化。这是一种理想状态的设计项目管理的定义，它更注重设计项目管理的实务性、操作性。属于设计管理层次中较低层次的功能性设计管理。

3.1.2 设计项目管理的原则

1. 系统性原则

设计项目由一系列的活动构成，设计项目管理的全过程都贯穿着系统设计的思想。因此，需要把设计项目看成一个完整的系统，依据系统论“整体—分解—综合”的原理，将设计项目分解为若干责任单元，由责任者分别按要求完成，然后汇总，综合成最终的成果；同时设计项目管理强调综合管理，充分考虑到各部分的协调与控制，以保证项目总体目标的实现。

首先，系统化原则要求围绕特定的目标开展设计活动。由于设计项目往往专业领域十分宽广，它可以被分解为多个分任务，而分任务是必须完成的，这样才能实现项目目标。

再者，系统化原则要求以高效率完成设计项目，为目标组织设计资源和活动。由于设计项目比较复杂，因此，各个分任务在时间、优先权、费用和执行情况等方面都需要细心协调和控制，以提高工作效率。

2. 周期性原则

类似于产品的生命周期，设计项目也有一个完整的生命周期，即项目有其发生、发展、终结的过程，是一项有起点有终点的活动。一般而言，可以把项目生命周期分为概念阶段、设计阶段、实施阶段和收尾阶段四个阶段，各阶段的主要内容如表 3-1 所示。

表 3-1　项目周期阶段及其主要内容

名　称	主要内容
概 念 阶 段	项目选定；项目立项；可行性研究；资金筹划
计 划 阶 段	进度、费用、质量等的规划
实 施 阶 段	实施准备；实施计划；实施控制
收 尾 阶 段	范围核实；合同验收；成果交接

在设计项目的不同阶段，其工作的内容和重点是各不相同的。因此，设计项目管理的方法和手段应该根据各阶段的特点进行选择与运用，处理好各阶段之间的衔接与沟通，从而高效率地实现设计目标。

3. 实用性原则

设计项目的实施主要是满足人们对审美的需求，以及某些实用功能的需求。同时，现代设计对人们的生活和环境的影响越来越大，还需要充分考虑对环境的影响。

在设计项目实施的过程中，设计管理需要充分了解市场的需求，全面满足功能结构的配合要求、社会的象征符号、价值观的审视等，设计出受顾客喜欢且有经济能力购买的成功的设计作品。

设计过程中对材料的选择、加工工艺的选择、报废产品的回收利用等，无不与设计管理有着千丝万缕的联系。现代社会也越来越重视可持续发展，对生态环境的重视不仅能够体现企业的社会责任，而且也能够让企业产生良好的社会形象，有利于企业的可持续发展。

3.1.3 设计项目管理的方法

1. 教条式方法

教条式方法指的是严格按照预期的计划推进设计活动，不管设计过程中遇到什么样的情况。

采用教条式设计项目管理方法的管理者，会不惜一切代价遵守工期，而且不允许有任何的偏差。该方法的优点是通常能够如期完成设计活动；但是，该方法不能够灵活应对设计过程中出现的问题，往往也会带来成本超预期，其应用存在明显的局限性。

2. 悠闲式方法

悠闲式方法强调计划的柔性，也就是说，计划是不定形的，而且经常变更。在设计项目执行过程中，考虑到错误的计划编制及意外出现的问题，计划的变更是经常的事情。

针对设计活动执行过程中不可控因素多的特点，采用悠闲式项目管理方法具有比较好的适应性，并且容易在控制的成本范围内完成设计活动。但是，该方法却很难在预定的时间周期内完成工作，常常大大超出计划工期。

3. 实效式方法

教条式和悠闲式方法都有其局限性，因此，需要开发出兼具两者优点、克服其不足的设计项目管理方法，也就是需要运用实效式的方法对设计项目进行有效的管理。

实效式设计项目管理具有以下的特点：

必须以完工为导向。

要适当尊重工期，就是说，如果事情能够按时完成，那么就继续并坚持进行下去——哪怕要付出额外的努力。

当你询问团队成员什么时候能完工时，不要接受模糊的答案，要期望得到具体的日期。

要求完工日期是最早可能完成的日期 (EPF)。

要培养将合乎情理的意外问题与因自满、缺少约束或不胜任而出现的问题区分开来的能力。

3.2　设计项目管理准备

3.2.1　组建设计队伍

一个设计项目可能由一个部门或小组组成，也可能有多个部门的人员参加；根据设计运作组织复杂性的不同，可以将设计运作组织划分为有机型、设计圈型和双专案型三种模式。

1. Topalain 有机形设计项目组运作形态

Topalain 认为，有机型组织针对大型、复杂及技术程度较高的项目时比较合适。在成员组成时，他倾向各种专业人员和多种人才的有机结合。在有机型设计项目组织中，设计负责人担负设计决策、设计标准的制定以及控制、设计投资及设计决策等高层管理工作，设计师主导设计专业方面的工作。

Topalain 主张设计项目组织中成员的组合应根据项目特性的不同而有不同的组合方式，其设计负责人的角色也因此而变换。如在不同情况下，由设计负责人担任经理之职；设计师兼任设计经理之职或设计师兼任设计提供者之职等不同的形式（如图 3-1 所示）。

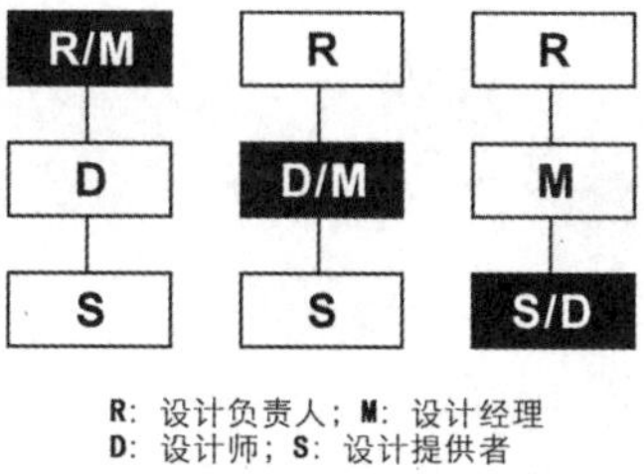

图 3-1　项目组成员兼任职责示意图

在项目运行方面，Topalain 强调设计负责人、设计经理、设计师、设计支持者（提供该项设计者）之间的有效沟通。在设计项目开展的各个阶段，除了定期召开沟通会议外，平时采用循环式的组织沟通形式，以确保各类参与人员信息充分而及时的交流，以达到项目组织在有效的工作状态下运作。图 3-2 所示反映出了有机式的组织运作模式。

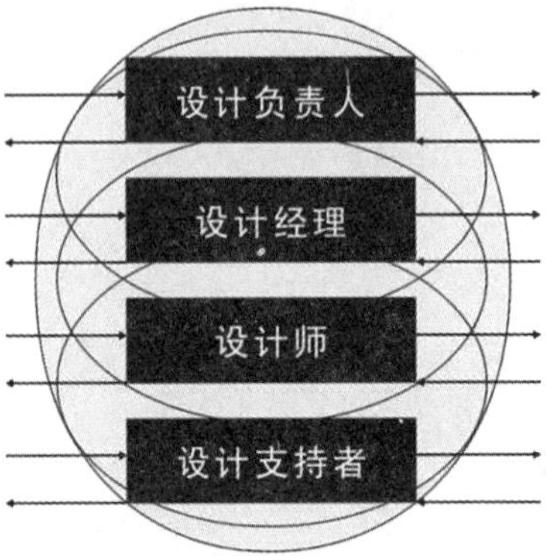

图 3-2 有机式的组织运作模式

2. Hollins 的设计圈运作模式

Hollins 的设计圈是由不同专业与背景的人员为提高设计品质所组成的设计团队。在项目运作中，该运作模式有以下特征：

① 设计圈的工作以设计初期的市场研究为起点，并贯穿在整个设计之中。

② 在设计展开的不同阶段，设计圈内的成员将有所变动。如当设计项目需要某种专业技术时，有关专业人员可随时进入设计圈，完成其专业任务后即离开。

当设计工作完成后，进入生产阶段时（这时有较多的生产、测试和质检人员参与），设计圈可转化为品质管理圈，这有利于发挥和提升对设计品质的管理功能。

③ 设计经理是设计圈内唯一的固定人员，负责协调和管理整个设计过程。

④ 除此之外，设计圈内的团队人员以不超过 9 人为宜。整个设计圈的运作人数有可能呈递减现象，如在设计项目的开发初期，总经理或高层经理参与产品开发讨论，决策形成后，由部门负责人组成主要团队，高层人员退出设计圈。设计圈亦可依设计项目大小形成主设计圈与子设计圈，共同运行设计项目，如图 3-3 所示。

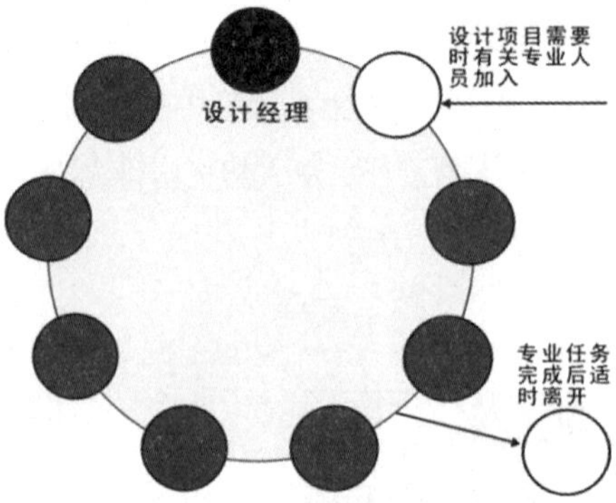

图 3-3 设计圈运作模式

3. 变形虫双专案组织运作模式

台湾邓成连教授在 Topalain、Hollins 等人的观点基础上提出了变形虫双专案组织的运行概念，清晰地表明了在设计的不同阶段，其设计成员及设计负责人职责的变动情况，如图 3-4 所示。该设计组织运作模式有以下一些特征。

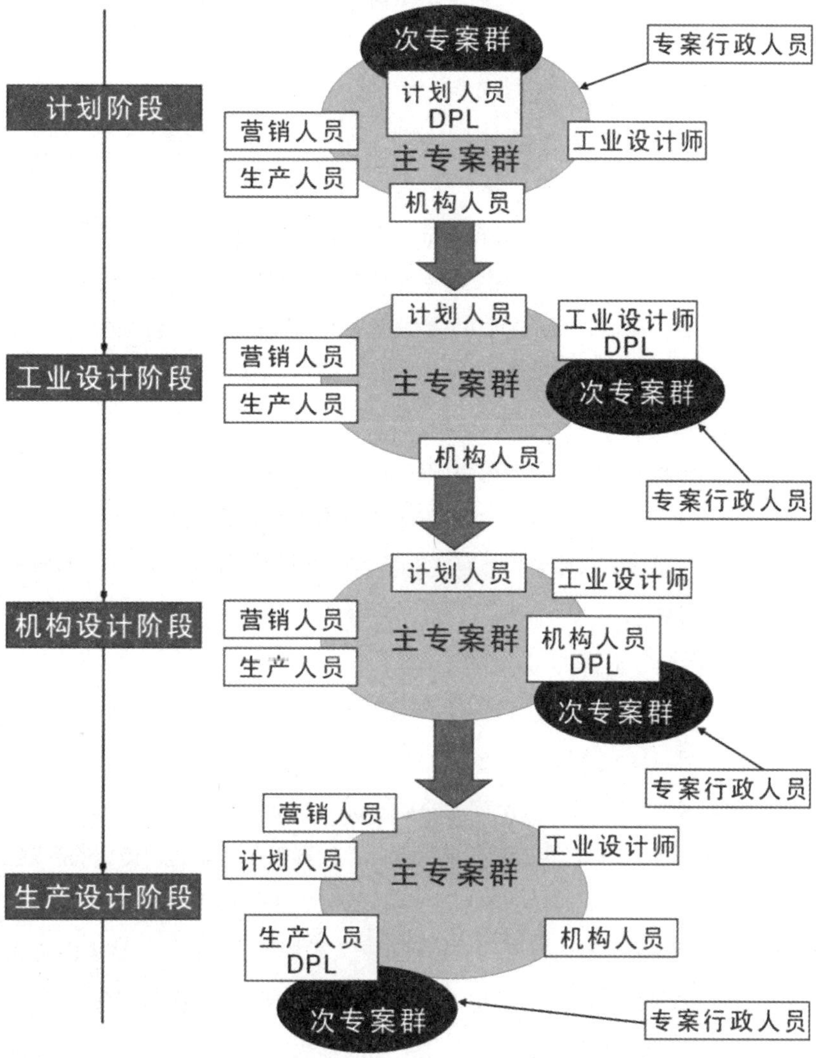

图 3-4　变形虫双专案组织运作模式

① 在设计项目进展的不同阶段，可由不同的设计参与人员担任其项目负责人。如在设计的企划阶段，可以由企划人员为项目负责人；而在工业设计阶段，由设计师担任项目负责人；在机构设计阶段，则由机构设计人员担任项目负责人，以此类推。

② 在不同设计阶段，根据每一阶段工作内容的特性，适当扩大相关的专业人员在组织内的人数，形成由单一项目负责人负责、双专案运作的形式。例如当项目发展至工业设计阶段，在专案组中有较多的工业设计师加入（以加强工业设计方面的技术力量）时，其负责人可由工业设计师担任。

③在专案组中常设设计行政人员，负责整体项目进行中的信息传达与转移，以及每阶段中的承上启下

等行政活动。

根据不同程序或设计项目特性，也可将团队机动式运作模式改变为重置式或循环式等，允许多个次级子项目群同时存在。例如一个较大的工业设计专案群与另一个较小的机构次专案群，可共同参与主专案群的运作，以利于设计工作的转移。

除上述特征外，变形虫双专案组织运作还具有组织富有弹性，适合项目复杂、工程量大和宜于发挥各类专业人员优势等特点。

3.2.2 进行设计前期检查

1. 设计合同交底

设计合同交底，也就是设计合同分析，指的是合同管理人员在对合同的主要内容做出解释和说明的基础上，通过组织项目管理人员和各工程小组负责人学习合同条文和合同总体分析结果，使每一个项目参加者掌握合同中的主要内容、各种规定、管理程序，熟悉自身的合同责任和工程范围以及各种行为的法律后果等，树立全局观念，使工作协调一致，避免执行中的违约行为。

① 合同交底的内容

合同交底的内容应重点分解落实如下合同和合同分析文件：

合同事件表（任务单、分包合同）、图纸、设备安装图纸、详细的施工说明、工程的质量、技术要求和实施中的注意点、工期要求、消耗标准、合同事件之间的逻辑关系、各工程小组（分包商）责任界限的划分、完不成责任的影响和法律后果等。

② 合同交底的具体步骤

第一步——管理交底：企业合同管理人员向项目经理及合同管理人员进行合同交底，全面陈述合同背景、合同工作范围、合同目标、合同执行要点，并解答项目经理及项目管理人员提出的问题，形成合同交底记录。

第二步——任务交底：项目合同管理人员向项目职能部门负责人进行合同交底，陈述合同基本情况、合同执行计划、各职能部门的执行要点、合同风险防范措施，并解答各职能部门提出的问题，形成交底记录。

第三步——执行交底：各职能部门负责人向其所属执行人员进行合同交底，陈述合同基本情况、本部门的合同责任及执行要点、合同风险方法措施，并解答所属人员提出的问题，形成书面交底记录。

第四步——交底反馈：各部门将交底情况反馈给项目合同管理人员，由其对合同执行计划、合同管理程序、合同管理措施及风险防范措施进一步修改完善，最后形成合同管理文件，下发各执行人员，指导其管理活动。

2. 设计任务分解

① 设计任务分解的含义

设计任务分解也称为工作分解，就是将项目策划方案的内容和要求按一定的原则和方法分解为各项设计任务、设计工作和设计活动，也称为工作分解结构（Work Breakdown Structure，简称 WBS）。工作任务分解是制定进度计划、资源需求、成本预算、风险管理计划和采购计划等的重要基础。

工作分解的过程首先是设计策划方案，再分解成设计任务包，然后将设计任务包分解成一项项的主要设计工作任务成分（工作构成的成分），最后把一项项主要工作成分分配给每个设计师，直到分工完毕，所有的设计活动均得以落实为止，即：策划方案→设计任务包→设计工作成分→日常设计活动。

每一个设计任务包就是一个工作组或子项目，任务包 WBS 较高层次上的一些工作可以定义为子项目或子生命周期阶段。将主要项目可交付成果细分为更小的、易于管理的组分或工作包。工作包必须详细到可以对该工作包进行估算（成本和历时）、安排进度、做出预 算、分配负责人员或组织单位。它由唯一的一个部门（组织内分工）或承包商（组织之外分包）负责承担；工作任务成分指的是工作包分解后的各项子工作，它尚未细化到项目承担人员的具体活动的程度；日常设计活动指的是每一个项目参与者的日常设计及相关活动。对于一般的设计项目而言，工作分解只需要分解 4 ～ 6 层就足够了。

② 设计任务分解的过程

设计任务分解前首先要准备好相关的资料，然后采用适当的方式进行设计任务分解，最后的分解结果为工作任务层次结构图，如图 3-5 所示。

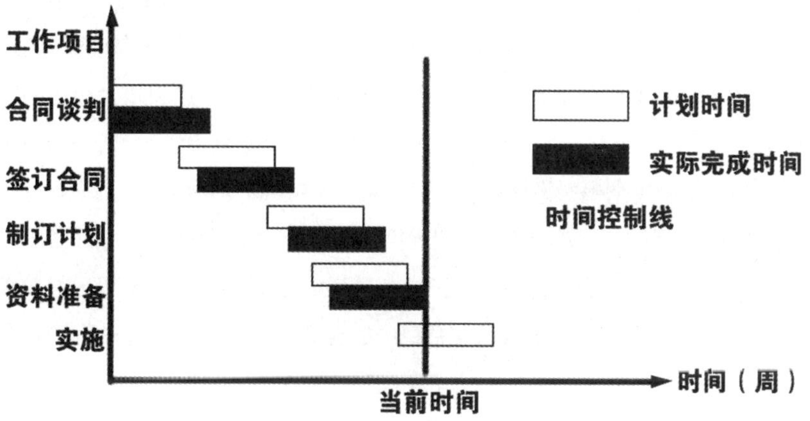

图 3-5　工作任务层次结构图

在工作任务分解的过程中，项目经理、项目成员和所有参与项目的职能经理都应该积极参与交流与讨论，集体确定所有工作。工作分解的过程中，如果有现成的模板，应该尽量利用。

3. 设计能力平衡

分解的设计任务最终需要下达到具体的设计岗位，因此，需要平衡各岗位的工作生产能力。只有分解的任务与各岗位的生产能力相匹配，才能够保证设计工作任务真正得以落实。

设计能力平衡工作在设计公司的两个层面上展开：

一是公司级别的设计能力平衡。通过公司级别的设计能力平衡，了解公司是否有能力承担并完成某项设计项目。

二是设计岗位的设计能力平衡。它是在完成设计任务分解工作后，将具体的工作任务与相应岗位的能力进行平衡，以制定出可行的设计进度计划。

对于第二种情况，如果发现设计能力得不到充分利用或者负荷超过能力，则可采取调节办法，如加班加点、调整人力与设备、转外协等。如果调整行不通，则需要从项目计划的层面对计划做出调整。

3.2.3　制订设计规划书

一旦设计项目经决策通过后，就进入到其规划与布局阶段，内容主要体现在项目规划书的制订上。

一份完整的设计项目规划书包括多方面的内容。首先它用来指导项目过程，因而它要能为设计团队成员提供一个比较清晰的项目发展思路，如项目的主题、项目开展的综合背景、项目开发所需的时间和开发成本、项目想要取得的目标和成效、项目的成员组成和任务分工等。另外，设计项目规划书要能指导设计过程，它要能提供设计的主题、设计的目标、设计的要求等。接下来就针对设计项目规划内容进行逐一的解读。

1. 设计项目背景

设计项目背景的内容一般来源于市场部门分析调研的结果。项目背景一般情况下用以描述项目开展时，对项目具有指导意义的客观情况说明。市场背景来源于市场因素，市场因素是指集中于文化和社会生活中影响项目的各类因素，如现有同类产品、竞争对手的产品、市场某方面潜在需求的情况等。

2. 设计项目目标及设计定位

设计必须有明确的目标，设计项目目标是企业的设计部门根据设计战略的要求组织各项设计活动预期取得的成果。企业的设计部门应根据企业的近期经营目标制定近期的设计目标。作为某项具体的设计活动或设计个案，也应制定相应的具体目标，明确设计定位、竞争目标、目标市场等。管理的目的是要使设计能吻合企业目标、市场预测以及确认产品能在正确的时间与场合设计与生产。设计目标的定位对设计的规范化、管理的系统化都具有极其重要的作用，同时，设计目标管理也影响企业设计战略的实施。

具体来说，设计项目规划书中需概括设计目标与市场目标两方面的内容。

设计目标要定义清楚该项目的主要设计突破点和创新点，概括性地总述新产品的各设计要素要达到的目标，包括视觉特征、技术运用、功能要求以及用户情感体验等方面对设计结果提出的要求。在确立设计目标的过程中，必须明确每个目标的独立性及其在系统中的重要性，这些信息将成为确定最终设计方案的创意依据及评价指标。

设计要能最终适应市场形势，获得市场认可，必须在一开始就有一个准确的市场方向。明确设计针对的市场是哪部分；新产品在不同阶段需要实现的市场占有率是多少；要分析通过设计实现的市场突破是原有市场领域的深入突破，还是新市场、新渠道的突破等。市场目标在一定程度上要能有一个适合企业现有实际情况的市场预期，而这个市场预期也可能在项目进行的过程中逐渐变得明朗。市场目标提示了企业所面临的市场机遇，如果某一细分市场适合企业的目标，那么该企业还必须看它是否具有占领市场所必需的技能和资源。

3. 设计项目内容

设计项目概念传达的信息主要集中在项目开发的方向上。设计开发过程中需要考虑的人、对象及环境三者之间的因素非常多，重点需要考虑的因素是人机工程、品牌形象识别、功能要素、技术要素、美学要素、情感要素等，这些构成了产品的创新系统。

在项目规划活动中，设计团队制订详细的开发时间表，采用开发时间最小化策略，并识别出完成项目所需的资源。可以把该系列活动的主要结果编成项目计划书，包括任务陈述、顾客需求、被选概念的细节、产品特征、产品的经济分析、开发时间表、项目人员和预算等内容。

4. 设计项目团队

一个设计项目通常需要多个专业的人员共同组成设计团队。项目规划书应明确具体的团队成员构成，包括参与项目的各个部门及其所承担的任务、参与人数、项目负责人等。

3.3　设计计划管理

3.3.1　设计计划的阶段管理

1. 阶段管理的内容和依据

① 内容

项目进度控制的内容包括:

判断项目进度的当前状态;

对造成进度变化的因素施加影响;

查明进度是否已经改变;

在实际变化出现时对其进行管理;

进度控制是整体变更控制的一部分。

② 依据

项目进度控制的依据包括:

进度管理计划;

进度基准;

绩效报告;

批准的变更请求。

2. 设计进度控制的工具与技术

①进度报告

进度报告及当前进度状态包含如下信息，如实际开始与完成日期以及未完计划活动的剩余持续时间。如果还使用了实现价值这样的绩效测量，则也可能包含正在进行的计划活动的完成率等信息。为了便于定期报告项目的进度，组织内参与项目的各个单位可以在项目生命周期内自始至终使用统一的样板。

②绩效衡量

绩效衡量技术的结果是进度偏差（SV）和进度绩效指数（SPI）。进度偏差和进度绩效指数可以估计实际发生的项目进度偏差的大小。进度控制的一个重要作用是判断已发生的进度偏差是否需要采取纠正措施。例如，非关键路线计划活动的重大延误对项目总体进度影响甚微，而关键路线或接近关键路线上的一个小的延误，却有可能要求立即采取行动。

③偏差分析

在进度监视过程中，进行偏差分析是进度控制的一个关键职能。将目标进度日期同实际或预测的开始日期和完成日期进行比较，可以获得发现偏差以及在出现延误时采取纠正措施所需的信息。在评价项目进度绩效时，总时差也是分析项目时间实施效果的一个必不可少的规划组成部分。

3.3.2　设计计划的品质管理

影响项目施工质量的因素主要有五个方面，即人员、机械、材料、方法、环境。设计项目实施过程中需要严格控制这五个方面的因素，确保设计计划执行的质量。

1. 人的控制

这里的人指的是设计活动的组织者、领导者及设计师等直接参与者。设计管理人员对设计工作的科学安排、设计师的积极主动，都直接影响着设计作品的质量。人，作为控制对象，应努力避免其出现工作失误，充分调动其积极性，发挥人的主导性作用。对人的工作质量控制，除了加强劳动纪律教育、职业道德教育、专业技术培训、建立健全岗位工作责任制、改善劳动作业条件、运用公平合理的人力管理机制激励人的劳动热枕以外，还需从人的技术水平、人的生理缺陷、人的心理行为、人的错误行为等各个方面来控制对人的合理使用。

2. 材料的控制

材料（包括原材料、成品、半成品、构配件等）是设计项目的物质保证条件，材料质量是保证设计质量的极为重要的因素。一般情况下，要建立长期的跟踪材料发展的机制，掌握材料的质量、成本与产品设计的关系，以便在设计中正确选择和运用合适的材料。

3. 设备的控制

现代设计活动日益复杂，其过程中需要运用到计算机及其专业软件系统、各种检测工具和模具加工等相关设备。显然，按照技术先进、经济合理、生产适用、性能可靠、使用安全的原则，合理选用设计装备，并通过科学地维护和保养以确保设备处于最佳的使用状态。

4. 方法的控制

设计方法控制是指对设计过程中，为完成设计项目而采取的设计计划、设计策划、设计过程、设计分工与合作、设计工具等技术措施、设计质量评估手段和设计程序安排所进行的控制。

5. 环境的控制

在设计过程中，良好的设计现场环境，例如良好的沟通环境和条件、工作场所清洁整齐、资料文献放置整齐和规范、设计作业场所温度适宜等，都有利于设计师以良好的状态更好地发挥主动性、充分发挥团队作用做好设计工作，设计出高质量的设计作品。

3.3.3 设计计划的日程管理

设计计划需要以图形的方式将其直观地展现出来，以便执行者直观地看到自己的任务、管理者及时看到项目的计划要求和进展情况。甘特图是通常应用于设计项目日程管理的主要方法之一。

甘特图（横道图、条形图）是亨利 · 甘特在 1916 年发明的，它被用于确定项目中各项活动的工期。甘特图依据日历画出每项活动的时间线。因此，甘特图对于根据计划形象地描绘各项活动的进度和监督项目的进程来说，是一项很有用的工具。（图 3-6）

应用甘特图的第一步是把项目分解成离散的活动。“离散”意味着每项活动都有明确的开头和结尾。项目被分解成各个活动后，这些活动的顺序也就确定了。可是，这项工作说起来容易做起来难。通常，执行项目有多种可能的战略，哪一个最好可能并不明显。有经验的项目管理人员要全盘考虑其他人在项目中的利害关系，最终确定采用哪个顺序。

甘特图也要求对每项活动做出时间估算。假设项目的工期是确定和已知的，这也意味着假设确切知道每项活动要花费多少时间。当然，这并不一定实现，但这确实对管理项目进行估算是有帮助的。

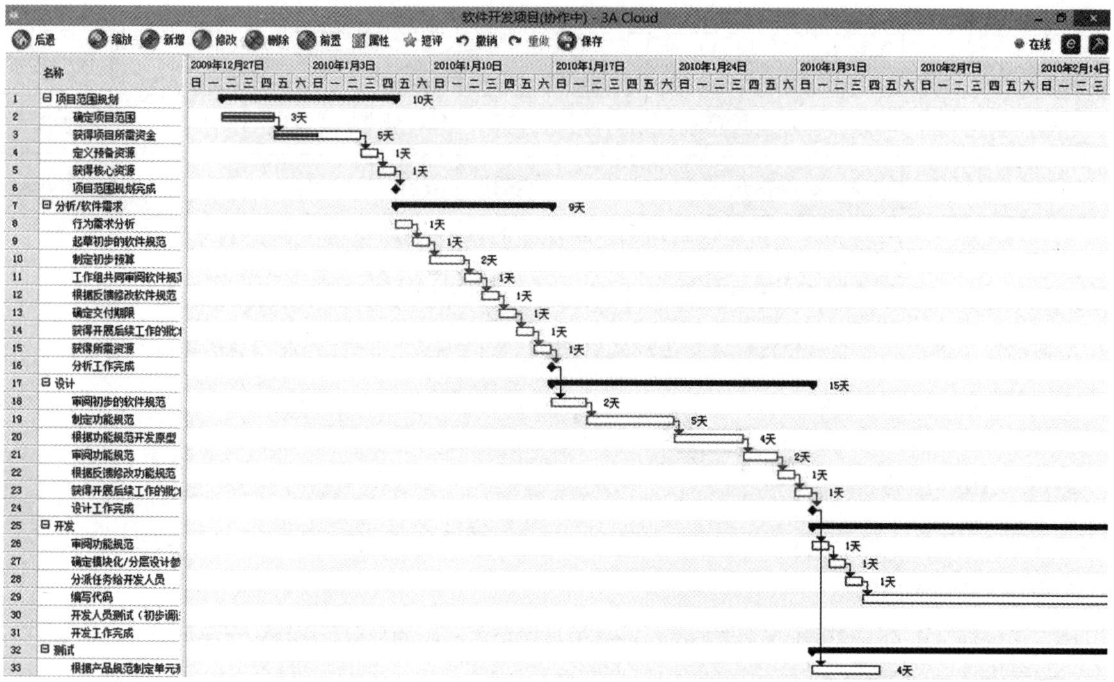

图 3-6　甘特图计划与控制示意图

3.4　设计评估

3.4.1　设计项目论证

设计项目管理的一种基本思想就是决定设计项目是否上马，它应该建立在项目论证的基础上。设计项目论证是指对拟实施项目技术上的先进性、适用性，经济上的合理性、赢利性，建设或实施上的可能性、风险性进行全面科学的综合分析，为设计项目决策提供客观依据的一种技术经济研究活动过程。

设计项目论证应该围绕着市场需求、工艺技术、财务经济、社会环境影响等四个方面展开分析和论证，其中市场是基础、技术是手段、财务经济是核心、社会环境是前提，通过详细论证，要回答以下几个方面的问题：

(1) 设计项目产品或服务的市场前景如何？实施这个设计项目的目的是什么？

(2) 设计项目实施需要多少人力、物力资源？供应条件如何？

(3) 设计项目需要多少资金？筹资渠道如何？

(4) 设计项目采用的工艺技术是否先进适用？技术获得的途径是什么？设计项目的生命力如何？

(5) 设计项目规模多大为宜？地址选择的指向性如何？

(6) 设计项目如何组织？

(7) 设计项目会对社会和环境带来什么样的影响？

设计项目论证在整个过程中要涉及具体的工程技术、财务分析、市场预测与管理科学等多个学科的知识，所以，这一设计项目实施前的阶段已经逐渐发展成这一门独立的综合性科学。

设计项目论证一般分为机会研究、初步可行性研究和详细可行性研究三个阶段。各个阶段的工作内容、费用、准确性要求等，如表 3-2 所示。

表 3-2 项目论证的阶段划分

阶 段	工作内容	费 用	误差控制
机会研究	寻求投资机会，鉴别投资方向	占总投资的 0.2%~1%	±30%
初步可行性研究	初步判断项目是否有生命力，能否赢利	占总投资的 0.25%~1.5%	±20%
详细可行性研究	详细技术经济论证，在多方案比较的基础上选择出最优方案	中小项目占总投资的 1%~3%; 大项目占总投资的 0.2%~1%	±10%

设计项目论证是一个连续的过程，它包括问题提出、制定目标、拟订方案、分析评价、方案比选，最后选定一个满意方案供投资者决策。

3.4.2 设计过程评估

在设计项目实施过程中，针对设计项目中的重要环节或质量要求，需要及时组织评估活动。

1. 设计评审点的确定

确定设计评审点的一般依据有两个方面：一是设计过程各阶段的划分；二是按产品的特点、批量大小、复杂程度设置评审点，并且在计划中规定出来。

具体来讲，设计评审的阶段一般分为概念生成的评审、概念选择的评审和概念实施的评审。

2. 评审内容

设计评审的内容一般有三个方面：

一是与满足客户需要和使客户满意的有关项目；

二是与产品规范要求有关的项目；

三是与过程规范要求有关的项目。

3. 设计评审的过程

首先，是做好评审前的准备。由产品主管设计师提供评审文件资料，业务主管部门负责组织拟订评审实施计划、确定评审人员或组织评审小组。

其次，进行拟评审材料的预审。评审人员根据分工和评审内容，对有关文件、资料的各种数据和设计结果进行全面审查和分析，在正式评审前反馈给有关设计师。同时，由业务主管部门或评审组讨论确定每次设计评审的重点。

第三，由评审小组进行正式评审。由企业技术负责人或评审组组长主持评审会议，由主要的设计师介绍设计、试验、分析等有关报告，在评审人员完成质询和充分讨论的基础上完成评审、提出评审结论和建议。

最后，进行评审后的跟踪管理。评审结束后，由业务主管部门或质量主管部门对评审过程中发现的问题的处理进行跟踪与记录，确保评审中发现的问题得到及时的处理。

3.4.3 设计的后期评估

设计项目结束阶段的最后一项同时也是非常重要的一项工作是进行项目的后评价。设计项目后评价的目的是评估项目绩效，以确定项目是否达到预期收益，并对项目的实施情况进行总结和分析，以从中获取宝贵的经验教训，为后续的项目提供参考和借鉴，以期重复成功的实践，避免可能的错误。设计项目后评价是项目生命周期中一个不可缺少的必要环节，对项目价值的真正实现具有重要的意义。实施良好的项目后评价，才算是为项目的完全结束画上了圆满的句号。项目后评价与项目选择和确定阶段的项目评估相对应。

1. 设计项目后评价的含义

项目后评价是相对于项目的前评估（即项目论证）而言的，通常在项目完成以后、生命期结束之前进行。项目后评价是指对已经完成项目的目的、执行过程、效益、作用和影响进行的系统、客观的分析；通过对项目活动实践的检查总结，确定项目预期的目标是否达到，项目是否合理有效，项目的主要效益指标是否实现，通过分析评价找出项目成败的原因，总结经验教训；并通过及时有效的信息反馈，为未来新项目的决策和提高决策水平提出建议，同时也为项目运营中出现的问题提出改进建议，从而达到提高投资效益的目的。

2. 设计项目后评价的对象

主要包括设计项目效益后评价和设计项目管理后评价两大方面。

设计项目效益后评价是在项目完成后对项目投资经济效果、环境影响以及社会影响进行的再评价。它是根据项目运营后的实际数据资料重新计算项目的各项经济数据指标、环境参数、社会贡献，同项目前评估时预测的有关效果值进行对比，从而对项目的实际投资效果做出评价，并分析其偏差产生的原因，从中总结经验教训，为以后相关项目决策提供参考和借鉴。

设计项目管理后评价是在项目实施工作结束后，通过对项目实施过程的实际情况的分析研究，全面总结项目管理上的经验和教训，对投资者的表现、借款人的表现以及项目执行机构的表现进行评价，为改进今后的管理工作服务。

3.4.4　设计评估的管理

在设计评估的准备、实施和完成后的各阶段，都应该采取合适的管理措施以提高设计评估质量。

1. 准备阶段的管理

（1）资料准备

①按照设计计划规定的评审点，由产品主管设计师拟定、提供评审文件资料，并填写“设计评审申请报告”。（表 3-3）

②业务主管部门负责组织拟订评审实施计划。

③业务主管部门按各评审阶段要求，选择确定评审人员或组织评审小组，并将有关评审文件资料、评审计划于正式评审前印发给相应的评审人员。

（2）预审

①评审人员根据分工和评审内容，对有关文件、资料的各种数据和设计结果进行全面审查和分析。

②将发现的问题登记在“预审问题登记表”中，在正式评审前报业务主管部门或评审小组，并反馈给有关设计师。（表 3-4）

③由业务主管部门或评审组讨论确定每次设计评审的重点。

表 3-3　设计评审申请报告

<table>
<tr><td>项目名称</td><td colspan="3"></td></tr>
<tr><td>项目承担单位</td><td colspan="3"></td></tr>
<tr><td colspan="4">资料清单:</td></tr>
<tr><td>序号</td><td>资料名称</td><td>数量</td><td>备注</td></tr>
<tr><td></td><td></td><td></td><td></td></tr>
<tr><td></td><td></td><td></td><td></td></tr>
<tr><td></td><td></td><td></td><td></td></tr>
<tr><td></td><td></td><td></td><td></td></tr>
<tr><td></td><td></td><td></td><td></td></tr>
<tr><td></td><td></td><td></td><td></td></tr>
<tr><td colspan="4">主管设计师:
申请日期:</td></tr>
</table>

表 3-4　设计评审预审问题登记表

<table>
<tr><td>项目名称</td><td colspan="3"></td></tr>
<tr><td>项目承担单位</td><td colspan="3"></td></tr>
<tr><td colspan="4">问题记录:</td></tr>
<tr><td>序号</td><td>问题</td><td>责任人</td><td>备注</td></tr>
<tr><td></td><td></td><td></td><td></td></tr>
<tr><td></td><td></td><td></td><td></td></tr>
<tr><td></td><td></td><td></td><td></td></tr>
<tr><td></td><td></td><td></td><td></td></tr>
<tr><td></td><td></td><td></td><td></td></tr>
<tr><td></td><td></td><td></td><td></td></tr>
<tr><td colspan="4">审核人员:
审核日期:</td></tr>
</table>

2. 评审阶段的管理

评审实施阶段，需要成立评审小组，并由企业技术负责人或评审组组长主持评审会议。评审过程中，评审小组的评审人员提出询问并质疑，有关设计师进行答辩，并将各种意见详细记录在“设计评审报告”中。

（表 3-5）

同时，在评审通过后，由业务主管部门填写“评审意见处理报告”提交主管技术领导审批，确认设计是否转入下一阶段。（表 3-6）

表 3-5　设计评审报告

项目名称	
项目承担单位	
评审内容与意见： 评审小组组长： 评审日期：	

表 3-6　评审意见处理报告

项目名称				
项目承担单位				
问题处理要求：				
序号	问题	处理要求	责任人	完成情况
主管领导： 批准日期：				

3. 跟踪阶段的管理

①评审结束后，由业务主管部门或质量主管部门对“评审意见处理报告”执行情况进行跟踪调查，落实评审中的处理意见，对跟踪情况进行记录。

②设计评审过程中所形成的各种文件资料是评价设计质量的重要依据，按质量记录和文件、资料控制程序进行管理。

练习思考题

1. 设计项目管理的概念是什么？
2. 设计项目管理的方法有哪些？
3. 设计项目的组织形式有哪些？
4. 如何进行设计项目的控制？
5. 如何对设计项目进行评估？
6. 决定设计项目成败的因素有哪些？
7. 如何提高设计项目的成功率？

4

第 4 章　设计沟通管理

4.1　沟通的性质

4.1.1　沟通的定义

“沟通是人们分享信息、思想和情感的任何过程。这种过程不仅包含口头语言和书面语言，也包含形体语言、个人的习气和方式、物质环境——即赋予信息含义的任何东西。”这是美国学者桑德拉·黑贝尔斯、里查德·威沃尔在《有效沟通》一书中，对于沟通的定义，笔者认为此定义比较全面和具有代表性。

4.1.2　管理沟通的概念

管理沟通是指所有为了达到管理目的而进行的沟通。

(1) 管理沟通是一种有目的的活动。严格说来，任何沟通活动都有自己的目的，只不过管理沟通与其他沟通形式相比目的性更为明确罢了。管理沟通的目的是实现组织目标，因此，在管理沟通过程中必须依照目标进行沟通，不能为了沟通而沟通。

(2) 管理沟通是一个互动过程。多数情况下，管理沟通不是单方面的，而是一个涉及思想、信息、情感、态度或印象交流的互动过程。这种互动不是仅仅发生在对谈话的认识、表述或逻辑层面，而是涉及一个较大范围的相互交流。

(3) 管理沟通强调的是理解能力。从一定程度上说，管理的本质就是发出命令和指示。而管理沟通是传达信息，并且只有当传达的信息被理解和接受，这样的信息才有意义。有效的管理沟通常常通过反馈来核实理解的正确与否。

(4) 管理沟通是多层面的沟通。管理沟通是一个涉及个体、组织和外部社会多个层面的过程。在这个过程中，既存在个体与个体之间的沟通，也存在群体与群体之间的沟通，还存在个体与群体、群体内部与外部的沟通等。

4.2　设计沟通及其特征

4.2.1　设计沟通的定义

设计沟通是指客户与设计师彼此尊重、相互配合的一种双方互动的关系。客户须提出自己的要求和建议，表明自己的风格意向，从而在设计中做出最佳的方案。著名组织管理学家巴纳德的沟通是把一个组织中的成员联系在一起，以实现共同目标的手段，“没有沟通，就没有管理”。

4.2.2 设计沟通的功能

(1) 表达情感：在设计运作过程中，由各种人形成的互为关系，组成了一个有待沟通的网络结构，设计沟通网络是由“设计人”所构成，而且互相传达与表现情感内涵。正式与非正式的设计沟通都是满足这类需要的主要手段，靠着设计沟通，设计者可以向设计管理者倾诉其挫折感和满足感。设计沟通为“设计人”提供一个手段，可以缓和与消释关于工作、角色、设计小组以及设计师之间的冲突。例如设计师对某项产品设计不满，可以通过与其他人的非正式沟通，以确定别人是否有相同看法。

(2) 激励：设计沟通的第二个功能是激励、指导、控制、评估组织成员的绩效。设计沟通就是设计管理者可以利用控制设计的主要工具，因此，设计管理活动，如设计工作的分配、设计评估、设计训练等，都包括设计沟通的内容与职责。

(3) 信息：设计沟通对于设计评估还能发挥一种极为最重要的信息传递言语符号或非言语符号表达的思想、情报和态度等方面的功能，在这方面与沟通的情感影响不同，主要表现为一种技术取向。

(4) 控制：设计组织均想借助正式沟通路径的设计与应用以控制“设计人”的活动。

4.2.3 设计沟通的类型

按照设计沟通活动、设计沟通主体、设计沟通特性、信息载体等分为不同类型。

(1) 按照设计沟通活动区分为一般设计沟通和设计管理沟通。

一般设计沟通：针对设计进行沟通的活动。

设计管理沟通：是从事各种设计管理过程中的沟通。包括学校设计活动中的设计管理教学沟通、企业中的设计管理沟通、政府活动中的设计策略沟通等。而设计管理沟通中最活跃的设计咨询与设计策略，大量的是设计组织与管理中相干的沟通活动，其重点是经营者、管理者与设计者之间的沟通。

(2) 按照设计沟通主体区分，可分为内心（设计者）沟通、人际沟通、设计团体沟通、设计组织沟通、公共沟通和混合设计沟通。

内心（设计者）沟通：自身内部的沟通，发生于设计者自身的沟通活动，包括设计思想、情感和自我协调方式。

人际沟通：狭义上指的是少数个体之间为实现个体设计目标进行的个别性沟通，如两位设计师进行设计讨论；广义上指的是设计师与一般人之间的沟通。

设计团体沟通：是设计小组沟通，内部设计成员进行的沟通活动。

设计组织沟通：可分为两个方面，一是设计组织与组织之间为达成组织目标所进行的沟通，如设计会谈、设计研讨、设计展示等；二是设计组织内部各个部门之间或设计小组间的沟通活动。

公共沟通：又可称为设计研讨沟通，是指在特定的公共场所中进行的沟通。比如，某企业在商品展示会上或洽谈会上地发表讲演就是一种公共沟通方式。

混合设计沟通：在设计沟通双方中，有一方是个体人或是一群个体人，另外一方是设计组织代表人。

4.2.4 设计沟通的特征

（1）准确清晰性

确保设计沟通过程中的设计创意表达、设计程序表达以及设计沟通表达的准确性，以提高可信度。设计管理沟通需通过精心准备、认真反复推敲，以达到逻辑清晰、表达清楚的程度。所有的工作人员都希望接受准确又简单的指示，一旦信息传递失真或者信息过于琐碎，员工不能及时准确地从中了解工作任务和工作要求，那么这样的沟通也就成了无效沟通，也会因此影响到员工的工作效率。

（2）完整性

将设计信息通过详细搜集和系统性汇集，予以完善保存。

（3）互动性

即设计人之间、各种设计因素之间、设计沟通活动与设计管理沟通方式之间具有明显的互动关系。似乎大部分的企业管理者都会遇到这样的问题：每一次跟下属员工沟通都需要浪费一定的精力，不厌其烦地向下属发布命令，可结果仍是效率不高，这到底是为何？在这种情况下，往往是因为管理者忽略了下属对信息或工作任务的意见和反馈，这种单向的沟通模式不仅不利于企业上下级的沟通，也严重打击了员工的工作积极性。有效的沟通应该是双向的、多层面的，应该在企业内部提倡上下级之间、各部门之间互相沟通，让每个员工对企业的管理拥有发言权，这能够使员工感受到管理层对员工的重视，进而有利于上下级、同级之间的理解和交流，为企业的良好发展扫清信息沟通的障碍。

（4）趋势性

设计管理沟通已经成为现代设计不可或缺的一部分，绝大部分的设计人并未意识到这一点，但却每天不断地进行设计与管理沟通。

4.2.5　设计沟通的原则

(1) 素质原则

设计沟通的双方必须具备相互沟通所要求的基本素质，而且双方设计共同点与共通点越多越好，设计人应具备良好的设计相关专业知识、良好的沟通技巧。

(2) 信心原则

设计人在决定参与设计沟通并进行沟通的时候，一定要正确地进行角色定位，把握角色的地位与转换，适时化解角色冲突与失衡，防止角色的错位。

(3) 理解原则

设计沟通是在双方理解能力范围内进行的，如此可消除各种设计沟通的障碍，以达到沟通的目的，设计人对设计的理解有助于持续不断和良好地进行沟通。

(4) 诚信原则

在设计沟通中诚信是最重要的，也是目前最为欠缺的，设计者需要了解经营者（客户）对设计的要求与接受能力，使经营者相信设计者传递信息的真实性和解决问题的足够能力，进而建立相互之间的信任，消除沟通的距离。

(5) 持续原则

在设计管理中保持设计沟通的持续性、连贯性，使得设计活动持续，设计沟通不止，通过不断的设计产品的修正、反复的沟通，使设计者与经营者、设计管理者不断地接受设计信息的传播。

4.3 设计沟通管理的方法

设计沟通管理是设计管理的重要组成部分，其整体的含义就是制定管理制度，规范在产品设计、设计者、经营者、消费者、使用者、管理者与设计管理之间进行多向沟通的行为，从而更好地处理其之间的关系。

4.3.1 设计沟通管理的目标

通过对“设计人”设计行为沟通的管理，从上（设计管理人）至下（每个设计相关人）都有一套完整的顺畅沟通程序和沟通行为规范，围绕共同的设计目标在一个沟通氛围良好的环境下工作，使得沟通效率化，最终达成设计价值最大化目标。

4.3.2 设计沟通的过程

设计沟通的过程和一般沟通的过程在信息传递这个层面上讲是一样的，都是由 7 个基本因素组成：客户要求信息来源、设计师编码、设计程序（通道）、消费者解码、消费者市场反应、反馈、信息。（图 4-1）

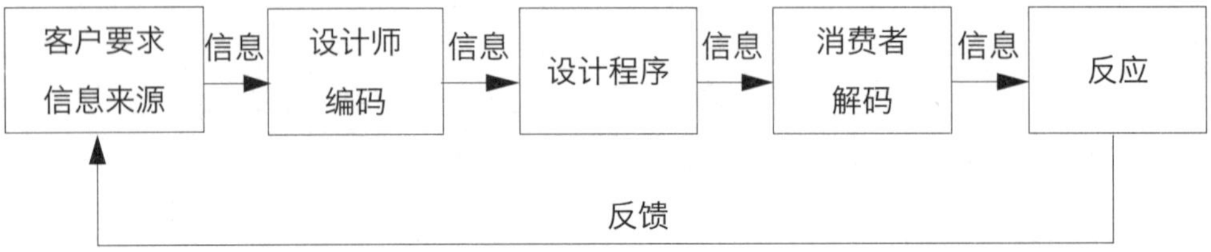

图 4-1 设计沟通过程模式

4.3.3 设计沟通管理的障碍与困难

设计沟通存在不同程度、不同形式、不同特点的障碍，有障碍就会受到不同程度的影响，干扰进而破坏正常的设计沟通，使其不能有效顺利地进行，并且影响着设计程序与产品的绩效，甚至于企业的经营都会出现危机。因此，减少或避免设计沟通中的障碍显得日益重要。

（1）表达障碍：又称为沟通困难，可分为设计师的表达障碍和其他“设计人”的表达障碍。

设计师的表达障碍：设计者由于坚持固有的设计意识、设计生活形态、设计价值观等，而影响有效的设计沟通，尤其是忽视设计沟通的互动性，多数的设计师在沟通的过程中，往往忽视倾听的重要性，进而造成非理性的设计沟通屏障。

（2）文化障碍：容易发生在跨国企业的设计沟通上，主要因为沟通双方文化背景差异，如语言、价值观、宗教信仰、道德意识、生活习惯、政治社会、教育学习、民族优越感与差异性等各方面所形成的障碍。

（3）组织障碍：设计组织内部的正式沟通管道，会影响设计沟通的有效性，随着企业内设计组织的发展扩张，设计沟通管道的覆盖范围越大，也随之难以沟通，设计组织的层次越来越多，致使信息在各层次之间难以通达。

（4）心理障碍：心理距离疏远。设计沟通如果产生心理距离，容易产生自我干扰，进而干扰沟通过程。心理距离的产生主要是因为缺乏设计认知、理解能力、感悟能力、对设计的敏锐观察力，并且对同一设计产品分析评判的角度、位置、出发点的不同也会造成心理距离。心理距离疏远，设计沟通的难度越高。

（5）其他障碍：包括经费不足、技术条件不成熟导致沟通条件欠缺等障碍。

4.3.4　设计沟通管理的方式与方法

任何一个企业的决策过程，都是把情报信息转变为行为的过程，准确、可靠、迅速地收集、处理、传递和使用情报信息是科学决策的基础。因此，科学的决策与企业沟通的方法、范围、方式、时间、渠道是密不可分的。

（1）遵循以人为本的设计沟通

①要充分认识“设计人”的特质

充分认识“设计人”的特质特性才能克服障碍，不同的“设计人”有着自己独特的特性，不论是在设计组织中的层次地位，还是他们的思维意识或相应要负责的工作都影响决定了其在设计沟通中的行为表现。除此之外，文化习惯特性也是差异化的，与来自不同文化背景的“设计人”等进行沟通，要学习沟通语言和相应的文化背景知识，了解不同文化背景下的人的思维方式和行为习惯并且消除文化偏见，尊重差异。

②必须重视设计沟通

沟通是一种技能，是“情商”高低的体现，不论管理者还是普通工作人员，这种“情商”比某些知识能力更为重要。重视设计沟通是企业设计管理内部设计管理者要传达灌输给每个成员的信息，而且必须要让他们理解接受。刘国余在《设计管理》一书中指出：“设计沟通的情况与质量通常会影响到设计的质量，作为管理者，除了要明确设计沟通的作用外，还要意识到缺乏设计沟通对设计工作带来的危害性，管理者只有真正意识到沟通的重要作用才能正确对待沟通，在设计中充分发挥设计沟通的作用。”

③用良好的心态去沟通

从实际来看，企业的经营者和设计管理者还有不少并不是很懂设计，由于有决策权，事事又特别顾及自己的利益和感受。虽然目前有很多的企业开始引进职业设计经理人，但是不少企业并没有形成上下一致的管理理念和风格，因此，设计管理高层必须转变过去的思维模式和行为模式，有义务也有必要部署沟通，并根据设计战略目标的要求抓管理而不决策于设计细节，设计相关人员各司其职，明确自己该向谁负责，建立平等、尊重、设身处地、欣赏、坦诚的沟通心态。

（2）建造理想的设计沟通环境

理想的设计沟通环境将有利于发挥人的创新能力，建立创新的组织文化有利于理想的设计沟通环境的建立。理想的设计沟通环境重视交流与沟通，决策的形成以解决问题为导向的相互沟通等级观念淡薄，各种人才一视同仁，组织间的交流活跃，作用明显，职责范围较宽，重视个人作用，也重视发挥团队作用。建立一个优良设计组织的沟通，是全员的共同责任，但首当其冲在设计高层管理者，因为他们在设计组织沟通中起到重要的影响力作用。设计中高层管理者沟通意识和沟通技能的培训提高，是促成设计沟通效果的关键。可以通过一些概念性的语言定下来，形成大家一说出口就能被理解的企业话语，使得沟通顺利默契，这样的手段可以加强沟通效果。

另外是把握沟通的时机和场合。沟通的效果不仅受到以上各种因素的影响，还受到沟通时的环境条件的制约。影响沟通的环境因素有很多，如约定俗成的沟通方式、沟通双方的关系以及沟通时对方的心情等。沟通需要抓住最合适的时机，时机不成熟不能仓促行事，贻误时机就使沟通失去了意义，沟通时要考虑对方的心情、对方说话的态度、谈话的地点等。

练习思考题

1. 设计沟通在设计管理过程中的意义。

2. 设计沟通的主要原则、方法以及特征。

3. 如何克服设计沟通中出现的各种困难及障碍？

5

第 5 章　设计团队管理

5.1　团队概述

5.1.1　团队

关于团队的定义，不同学者从不同的视角进行界定，从而出现了不同的表述。其中，具有代表性的表述列举如下：

（1）Salas, Dickinson, Converse 和 Tannenbaum (1992) 把团队定义为“一群可区别的两个或更多的人组成，他们为了一个共同的、重要的目的 / 目标 / 任务而动态地、相互依赖地、适应地交互作用，他们每个人都被指派有一个明确的角色或职能，他们有一个有限的生命周期。”

（2）Katzenbach 和 Smith（1993）认为，“团队是由一小群有互补技能的人组成，他们为达到共同的目的和绩效目标，使用相同的方法并且相互承担责任。”

（3）Guzzo 和 Dickson(1996) 认为，工作组或团队“是由单个的个体组成，他们把自己而且别人也把他们看成是一个社会统一体，他们相互依赖，因为他们以群体成员的身份执行任务，他们处在一个或多个更大的社会系统中（如团体、组织），他们执行与别人有关的任务（如顾客或工作合伙者）。”

（4）Cohen 和 Bailey(1997) 基于 Hackman(1987) 的研究，给“团队”做出了如下定义：“团队是一群个体的集合，他们在任务方面互相依赖，他们对结果共担责任，他们把自己看成是而且被人也看成是一个完整的统一体（当处在一个或多个更大的社会系统之中时，如商业单位或企业），他们跨越组织边界管理他们的关系。”

综合上述学者对团队定义的表述，可以统一有关团队概念表述的基本内容。主要内容如下：

第一，团队是由两个或更多的人组成的群体。它是一个不可分割的整体，具有共同的愿景、目标和价值观，在团队内部就有关问题容易达成共识。

第二，团队具有共同的目的和绩效目标，需要全体成员共担责任，共享信息、资源、权利等，充分发挥各自的积极性、主动性和创造性，努力实现团队目标。

第三，团队成员熟悉共同的业务基础知识，同时又具有自己不同的专业特长，在专业知识和技能上可以形成互补性。

第四，团队成员在执行任务的过程中需要使用共同的方法，这个“共同的方法”是指团队成员必须是谁做哪项具体工作、时间表该如何安排如何做到、需要发展哪些技能、怎样才能得到荣誉称号、决定如何修正等一系列问题上达成一致意见，特别是在工作的各个具体方面以及如何把个人的技能与提高团队绩效联系起来拧成一股劲的问题上取得一致意见。“共同的方法”是在工作的过程中磨合的。

第五，团队是具有边界的，能否管理好团队边界直接关系到团队目标的实现。

由此可见，团队具有突出的互依性、一致性、自主性和共享性特征。一旦成员间建立起这是种相互依赖的关系，一支极具凝聚力的团队也就随之形成了。在团队里，你的优势弥补了他人的不足，他人的优势又恰好弥补了你的不足。如此一来，每个人的优势都会得到淋漓尽致的发挥。作为一个整体，他们已完美得无懈可击，最终注定会出色地完成每项任务。用团队的标准要求大家相互协作比仅仅要求他们做好本分工作需要花费更多的时间和精力去培养和锻炼。然而，一旦团队成员养成相互协作的精神，进入高效的状态之后，他们便可以创造出远胜于其他类型的工作组的辉煌业绩。

5.1.2 团队与群体

团队和其他群体的区别在于：团队组织者观察到，人们工作时存在潜在的相互依赖性，就有意识地把这些人组织在一起，让每位团队成员互相配合，取长补短，从而更高效快捷地完成一项工作。具体区别如下：

（1）工作组注重个人，而团队注重整体。在团队里，个人工作并没有被淹没，而是为了更大的团队利益进行了整合。团队关注整体利益，而非个人成就。

（2）团队比工作组更经常举行会议。传统工作组依据管理方式的不同，可能会定期召开会议，主要供大家听取、分享某些信息。而团队的会议就不仅仅限于信息交流。团队会议类似于一个自由论坛，大家可以借此机会做工作计划，解决问题，规划决策，总结工作进展等。

（3）团队领导的决策意见不是决定性的，而是供大家参考的。这与工作组中管理人员单独决策恰好形成对比。在团队里，领导经常先听取成员的意见，然后制定目标，作决策，或者直接请员工参与决策，要知道他们才是工作的直接执行者！但是，在其他工作组中，管理人员和员工都是各忙各的。当然，很多情况下，管理人员分派任务、作决策时很少与员工讨论，共同解决。分派完任务之后，员工只好再自己斟酌工作的要求，考虑怎样把工作做好。

5.1.3 团队的类型

（1）根据团队的目的、结构、成员、持续时间来划分团队类型

团队的分类方法很多，最简便的方法就是根据以下四个特点来划分团队：目的、结构、成员、持续时间。（表 5-1）

表 5-1　工作团队的分类

标 准	目 的	结 构	成 员	持续时间
具体内容	· 产品开发 · 问题解决 · 企业再造 · 其他任何组织希望实现的目的	· 受监控团队 · 自我管理团队	· 功能型团队 · 交叉功能团队	· 长久团队 · 临时团队

团队的目标或目的可以十分不同。一个团队可能从事产品开发、问题解决、企业再造或其他有关活动。例如，位于奥斯汀的一家摩托罗拉生产厂，在优化工作流程项目中使用团队。在澳洲东洋公司，采用多维

技能团队来生产用于杂志印刷及其他打印产品的彩色墨水。

团队可以是长期的也可以是短时的。作为部门及其他组织正式结构中一部分的团队，都是典型的长期团队。短时的团队包括特别行动小组、项目小组、问题解决团队，以及其他为了开发、分析或学习工作相关的内容而组建起来的团队。

团队成员可以是功能同一的也可以是功能交叉的。作为部门的团队就是同一功能型团队，其成员均来自某一具体的职能领域。很多组织正在使用职能型团队作为培养革新精神、合作精神及奉献精神的一种方法。

团队可以是受人监控的也可以是自我管理的。受人监控的团队将在一名管理者指导下完成工作，这位管理者负责在设置目标、完成任务、评估业绩方面提供指导。自我管理团队则拥有管理自己的责任。在今天的组织中，你会看到四种最常见的团队类型：职能型团队、自我管理团队、跨职能团队、虚拟工作团队。

（2）根据团队行为的自主性程度来划分团队类型

团队行为的自主性主要表现为自主决策和自我管理。团队是一个次级组织，它的行为必然是自主性的，而那些不能给团队以自主性的组织（是指非团队基础组织），事实上与团队的性质相悖，其结果不可能实现团队价值的最大化。

图 5-1 所示显示出根据自主性的多少划分的不同团队的类型。左边的团队更为传统，有较少的决策权，在直接监督控制下；右边的更为自主，有决策权，自我指导。

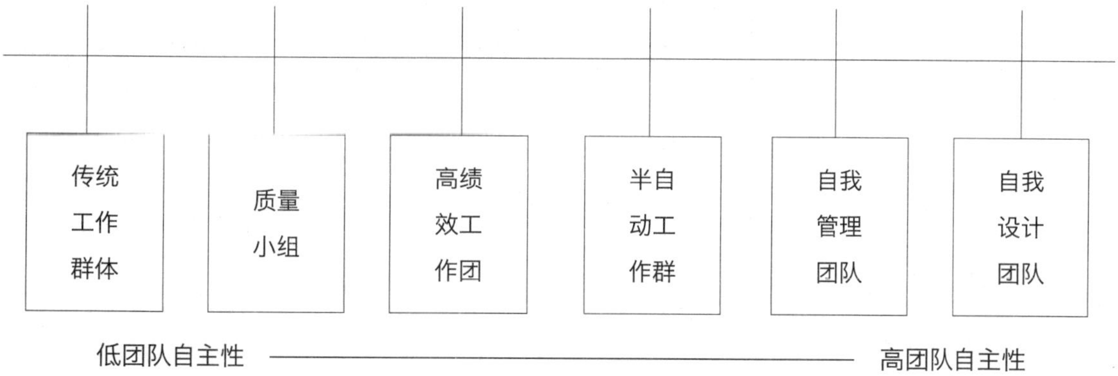

图 5-1　团队自主性

传统工作群体没有管理责任，由基层管理者制订计划、做出决策并对他们进行组织控制，其他群体提供包括质量控制和维护在内的支持活动。质量小组是从各种生产团队抽出来的人们组成的义务群体，他们对质量提出建议，但没有做决定和执行的权力。半自动工作群体在管理和实施主要的生产活动上做决策，但仍需要外部的质量控制和维护支持。自动工作群体或自我管理团队控制着决策权，完成一系列工作的执行任务——获得原材料、操作、质量控制、维护、运输。他们对一个产品或生产过程的一部分负完全责任。自我设计团队完成以上过程，他们还有设计团队的职能，他们自我决定聘用谁、解雇谁、团队要完成什么任务。

5.1.4　团队的特征

1. 团队的互依性

早在 20 世纪 80 年代以前，研究者们就已经提出互依性（Interdependence）这一概念，认为团队成员之间存在或多或少的互依性是团队最重要的特征之一。伴随着团队研究的蓬勃发展，90 年代以后，研究者们对互依性给予了更多的关注，针对现代组织中的一些团队进行了研究以后，他们发现互依性还与很多团队变量存在高度相关，甚至存在复杂的关系。

2. 团队的异质性

众所周知，建立团队的最终目的是达到高的组织效率，然而并不是所有的团队都能达到高的团队绩效，有时团队内部的相互作用会降低组织效率，带来较大的团队损耗。那么，什么样的成员组成的团队能够使组织效率最高、绩效最好呢？什么样的人在一起工作更加愉快呢？这是从事组织研究的工作者和所有组织共同关心的重要问题。团队异质性（或称为团队构成的多样性）是指团队成员个人特征的分布情况，即团队成员在性别、年龄、专业知识、价值观和人格等方面的特征是比较接近还是相差很大。研究者们试图通过团队异质性的研究回答这些富有意义的问题。

3. 团队的自主性

团队是一个次级组织，它的行为必然是自主性的，而那些不能给团队以自主性的组织，事实上与团队的性质相悖，其结果不可能实现团队价值的最大化。简单地说，工作自主性就是在工作过程中由自己决定做什么和怎么做。

4. 团队的共享性

团队成员需要共享哪些内容呢？Cannon Bowers 和 Salas 指出，共享内容是以下四个方面之一，即作业特有的知识、作业相关的知识、团队成员的知识和态度 / 信仰。先就作业特有的知识来说，持团队成员需要共享作业特有的知识的理论指出，这类共享知识可以使团队成员在没有公开沟通的情况下就能采取合作行动。按照 Cannon Bowers, Salas & Converse 的观点，这类共享知识可以使团队成员对团队绩效形成相同的预期。在这种情况下，共享知识的本质就是高度的作业特有性，涉及执行任务时必要的特定步骤、程序、行动、战略。

5.2 设计团队的要素

1. 设计团队的主体

设计团队的主体是设计师，通常由总设计师、主管设计师、设计师和助理设计师四个层次的设计师构成。

（1）总设计师

通常同时负责一个或一个以上的设计项目，主持或组织制订每一设计项目的总方案，确定设计的总目标、总计划、总基调，界定设计的总体目标和要求。总设计师直接对设计委托方负责，对外协调与设计委托方、投资方、实施方及国家机构等各方面的关系，对内组织指导各项设计方案的实施。总设计师要求具备综合的素质和很强的组织管理能力，善于协调各种关系，具有透视复杂问题和整体洞察局部的眼光，善于发现问题、抓住问题要害并加以妥善解决，具有广博的知识面，熟悉掌握企业经营管理、设计学、系统论。此外，总设计师尚需有谦虚民主的工作作风，不独断专行，善于听取各方面的意见，让设计师发挥各自最大的潜能。总设计师是只有工作多年、具有设计经验与社会经验的设计师、策划师或研究工程师才能胜任。

（2）主管设计师

主管设计师或称主任设计师，是指负责某一具体设计项目的设计师。例如一套企业 CI 设计的负责人，一种新车型的设计或宾馆的室内设计的负责人。主管设计师对总设计师负责，理解和贯彻总设计师的策略意图，组织制订该项目的总方案并安排实施。主管设计师要求有较高的综合素质、较强的策划组织能力与丰富的设计经验，善于解决设计过程中的难点问题，对各种设计方案有分析、判断与改进的能力。

（3）设计师

负责设计项目中某一部分的设计工作，如企业 CI 中的 VI 设计部分，一种车型的内饰设计或宾馆的大堂设计等。设计师对主管设计师负责，协助主管设计师制订该项目的整体方案、策略，负责组织实施其中某一部分的设计制作。设计师要求具有较强的设计创意与表达能力，能独立提出设计方案，具有一定的问题解决能力。

（4）助理设计师

主要是协助设计师完成其负责部分的设计制作。助理设计师应具有一定的设计表达能力，较强的制作能力，能够理解实施设计师的创意构思，能操作电脑，将创意草图做成正稿，能绘制工程图，会搜集设计资料等，有时还需要做一些设计过程的杂务工作。

四个层次的设计师虽然工作内容不同，但是在地位上是平等的，是团结协作的关系。不同层次的设计师在教育与经验、知识与能力诸方面既有相同点也有不同之处。首先相同的是都有设计相关的知识与能力，但不同的是知识高度与深度。第一、第二层次的设计师更有经验，有更广博的知识面，更能处理各类问题和关系，更有总体把握、局部控制的能力。第三、第四层次的设计师则强调设计的执行能力，独特的创意、熟练的技巧、精到的制作能力等。

值得提出的是在规模不同的设计机构，设计师层次划分情况也不相同，规模大则划分清楚，规模小则划分模糊、简化。在不同类型的设计结构里，设计师的层次划分情况也不尽一致。

2. 设计团队的经理人员

随着创意活动日益深入的市场化、商业化与产业化，设计团队需要专业的经理人员承担与顾客建立联系、协调各种流程与项目管理、做好预算、保护团队成员等职能。通过他们的管理使得设计团队能集中精力完成团队的目标。因此，设计团队的经理人员应该在专业技术、设计能力和管理方面具有很好的综合能力。他们必须具有管理上的威信，具有能够成功地保护资源、工具的能力以及拥有成功所必需的权力。设计团队的经理人员必须有丰富的管理经验和能力，能够领导团队，并激励团队成员以某种方式进行设计，这些方式可能是不同的、不熟悉的甚至可能是不愉快的。根据团队的设计理论和特征，设计团队经理人员和设计师是合作关系，设计团队经理能够创造一个融洽的工作环境使得市场人员、分析人员、设计师等各个团队成员和谐地发挥各自最大的能力和作用。

设计经理人员包括负责设计团队、企业、经营活动的高级经理人员。如公司的总经理、副总经理等和负责某一具体的设计项目的项目经理人员。高级经理人员和项目经理人员需要熟练掌握现代管理理论并掌握、理解及运用现代设计方法有效地运用项目团队资源，领导设计团队高效率地运作。作为知识团队的管理者，优秀的团队经理人员应该是一个领导者。他们愿意为激励团队成员去做任何事情。设计团队经理不一定参与具体设计，他们需要首先运用独特的能力做好团队的管理工作。一般地，设计经理人员主要负责设计团队的管理工作，只有在设计人员的时间不够等情况下，需要和团队经理人员一起合作、收集反馈信息的时候设计团队经理人员才具体地参与到设计工作当中。由于管理职能的差异，高级经理人员和项目经理人员的作用和能力要求各有偏重。

3. 设计团队的其他因素

任何一个设计型企业或设计公司都会配备一个多功能的设计团队。团队中除设计师外还应该包括设计工程师、制造工程师、服务代表、营销经理、客户、经销商、财务代表、质量和检验人员、采购代表、供货商、法规协调专家、生产工人、专业人员以及其他项目的代表，他们共同构成了以设计为中心的链状结构和体系，具体表现在：首先，多功能设计团队有助于考虑到所有的与设计相关的因素；其次，这种多样化的人员构成能够从许多角度考虑问题，从而产生更好的设计方案。与仅由设计师和工程师组成的单一的设计团队相比，这种协同的合作团队能够设计出更好的作品。下面逐一讨论团队中一些关键的成员。

（1）制造部门和服务部门

他们提供的信息是至关重要的，能够保证设计开发团队在设计时考虑到可制造性和可服务性。制造工程师和供货商有责任弄清楚设计是面向已经在使用的成熟的工艺，还是面向与设计并行的新的工艺。制造和服务代表一定不能等到图纸出来后再参与修改，他们的作用在于不断地影响设计以保证可制造性和可服务性。

（2）供货商和采购部门

只有在供货商确认能够从他们的工作中获得回报的时候，他们才会加入设计的行列中来。因此，采购部门有责任精选供货商并考查所选择的供货商 / 伙伴的合格性。如果不能建立与供货商之间的伙伴关系，可以聘请供货商的代表作为顾问帮助设计团队进行相关的工艺设计。

（3）市场营销部门

市场营销部门是企业与客户之间的纽带，它必须协助作品的定义，以保证作品反映了“客户的呼声”。

（4）客户

让客户参加到实际的设计开发团队中，这正在成为一种越来越普遍的做法。当波音公司开发 777 型客机的时候，公司邀请了其客户的代表——航空公司来帮助他们进行产品的设计。一开始波音公司的工程师们还心存疑虑，但他们很快就认识到在设计阶段听取客户的详尽需求的重要性。让客户参与到设计过程中来的另一个好处是使他们与所设计的产品联系在一起，这样他们就容易变成忠实的客户。

（5）质量和检验部门

对诊断测试的需求取决于企业的质量文化（Quality Culture）。如果在设计时就考虑了施工质量并且通过工序控制保证，那么“废品率”就会非常低。

（6）财务部门

通过提供那些不能由大多数的会计系统自动生成的相关成本数据，财务代表能够帮助做出正确的决策。实施基于活动的成本管理能够提供基于总成本的数据，这些数据可以引导人们在这些方面做出更加合理的判断。例如，在质量与检测之间的权衡分析、制造还是购买的决策、逐项记录质量成本以及定量统计从标准化、通用化及模块化中节约下来的间接成本等。

（7）法规协调部门

每一个设计团队中都需要有人来保证所有的法规都得到了遵守，而且这种遵守是通过原始的设计方案来实现的，而不是通过既费资金又费时间的重复劳动来实现的。一方面企业的设计团队中拥有负责法律或环境方面问题的律师以预见未来的法规变；另一方面则是负责公司与设计知识产权相关的事宜，包括专利战略在企业战略中的实施、专利的申报和维护等。

（8）生产工人

不论是通过调查还是直接让工人参加到设计团队中来，生产工人都可能是一种对设计非常有价值的资源。生产工人通常没有任何的反馈渠道，因而也就不能将他们在过去得到的大量的可制造性方面的信息反馈回来，让生产工人加入设计过程中能够改善与他们的关系，从而使新产品在投入生产时能够被更容易地接受并获得额外的效益。

（9）专业人员

设计团队需要得到各种专业人员的帮助，这些专业人员来自自动化、仿真、热流分析、实体建模、快速原形制造、试验设计、实验室检测、安全性和专利法等方面。

（10）创意经纪人

传统的创意消费往往是直接的面对面交流，是一种自然经济状态，因此很少需要像艺术中介机构、文化传播、经纪人、制作人、策划人等这样的中间环节。文化的大工业化、发展给艺术的消费增加了投资、流通、传播的环节，并且这个环节越来越大，越来越重要。从某种意义上讲，其地位和作用不亚于创作。而策划人、创意者和制作人的地位和作用甚至在某种程度上超过传统“艺术生产”中的“关键环节”或“决定因素”。

（11）其他项目

由于必须使用通用的零件、模块、工具和工艺，多个设计开发项目之间的协作是非常重要的。另外，这个团队中还得有一个领导者。 一个完整的多功能团队前期必须明确设计的各个阶段，能否取得成功将取决于团队的领导者如何领导这个团队。团队领导者的责任是确保由团队成员的知识和经验所带来的团队效益，多功能团队的管理要求有强有力的团队领导层、领导者。

5.3　设计团队的组织模式

建立设计组织模式的一项重要原则是稳定性原则。在一定时期一定的技术经济条件下每个企业都有与之相适应的相对稳定的设计开发组织体系。运用系统论的观点考察和细分国内外企业设计团队组织体系，可以将设计组织模式划分为静态组织模式、动态组织模式和合作组织模式三种类型。

1．设计团队的静态组织模式

（1）集中型

将新产品开发、老产品改造等一系列开发任务集中到企业的一个部门来完成，形成相对独立、完整的技术中心、研究中心。由于这种形式突出了以产品开发为中心的战略重点，因而成为许多跨国公司、大中型企业追求的一种组织模式。它有利于充分利用技术开发的人力、物力和财力，实现基础研究与应用研究结合、产品设计与工艺设计结合、软技术与硬技术结合，极大地提高企业产品开发的能力和水平。技术开发中心的组织结构决定于企业规模及产品特点。一般的组织形式如图 5-2 所示。

信息部：掌握产品标准、专利情况，负责实施企业专利战略及专利申报工作，广泛收集、整理国内外相关技术情报、市场情报。

规划部：规划中心的近期与远期开发目标，优化企业产品组合，制订品种、型号、规格的开发计划，安排部门工作任务与市场调研。

开发部：开发和设计新材料、新工艺、新产品，提供可供试制或生产的工艺文件、技术明细、图纸和产品样品。

试制部：组织小批试制、性能累积测试和用户试用，详细记录、收集产品数据，组织产品鉴定。

协作部：组织科研院所联合开发、供应商联合开发，协调开发中心与其他部门的业务关系。

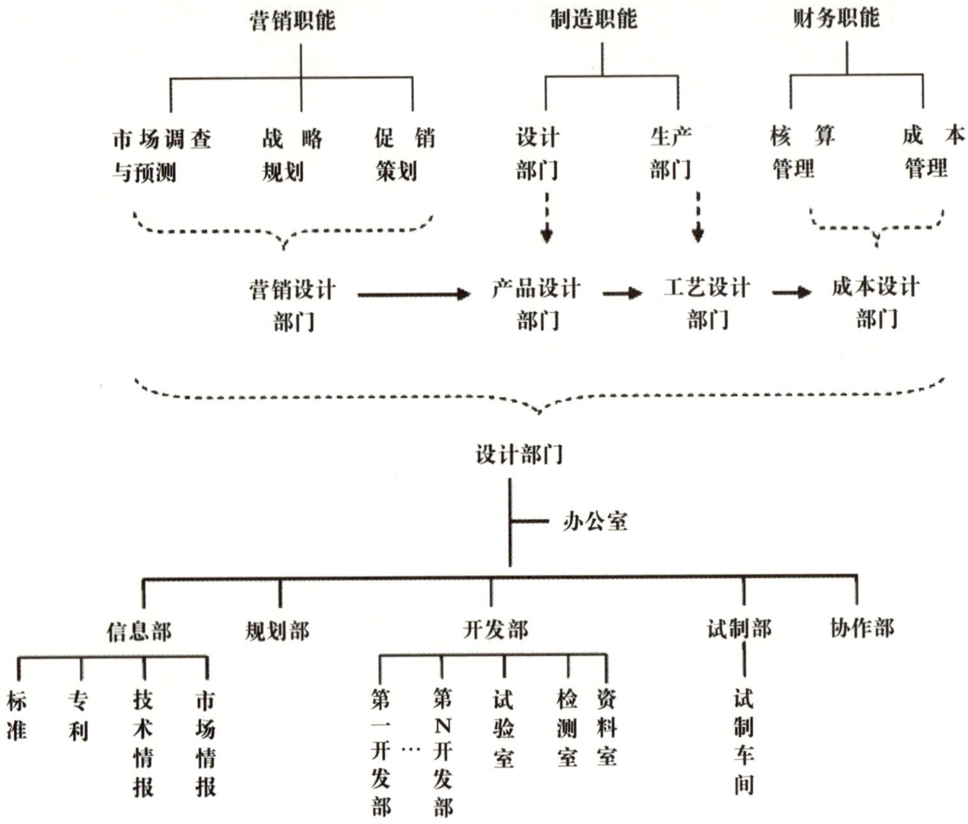

图 5-2　技术中心组织结构示意图

（2）分工型

按照企业产品开发与制造各环节对设计工作的要求，设置相应的设计部门，如图 5-3 所示。

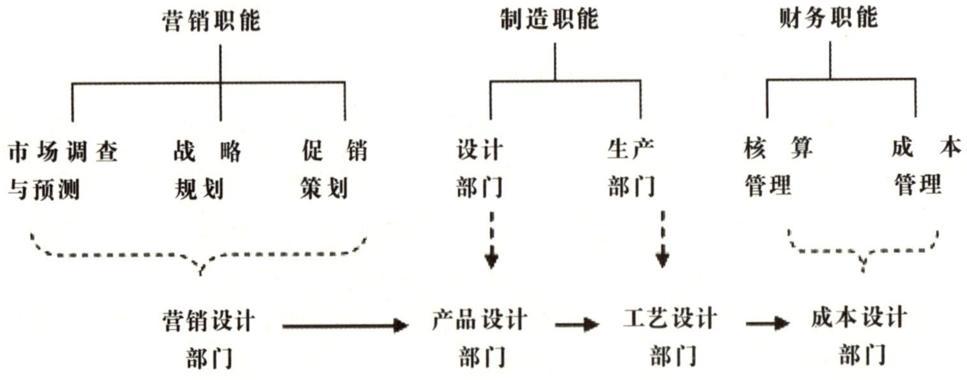

图 5-3　产品开发的串行组织模式

职能分工型设计组织模式由于其分工明确、循序渐进地开展工作，因而易于组织管理，产品开发风险小。在工业化初期，它成为许多企业产品开发设计的主要组织模式。一般地，串行组织模式适用于开发任务量不大的中小型企业。但是过分强调产品开发设计活动的顺序性势必导致产品开发周期过长，降低开发效率。同时由于专业之间、部门之间信息交流渠道不畅易造成工作内容脱节，影响开发质量。对于按产品事业部分工的大中型企业每一个事业部的内容可以采取分工型或职能型的模式确定设计组织。

2. 设计团队的动态组织模式——并行工程

20 世纪 70 年代中期以来，世界工业市场竞争给企业带来巨大的压力，迫使企业纷纷寻求有效方法以最大限度地提高产品质量，降低生产成本，缩短产品开发周期。实践证明：改进产品开发过程会比单纯改进生产过程能获得更大的效益。长期以来，产品开发一直采用顺序串行模式，由于该模式在设计过程中不能及早考虑制造过程、质量保证等问题，致使经常出现后续矛盾，不得不反馈修改设计，从而造成设计改动量大、产品开发周期长、开发成本高等缺陷。在这种背景下，并行工程应运而生。

并行工程 (Concurrent Engineering，简称 CE)，又称同时工程。1987 年，美国防御分析研究所在研究报告中对并行工程的定义是：“并行工程是对产品设计及其相关过程 (包括制造过程和支持过程) 实施并行、一体化设计的一种系统化的工作模式。这种工作模式力图使开发者从一开始就考虑到产品全生命周期中的所有因素，包括质量、成本、进度与用户需求。”并行工程强调必须组织跨学科、跨部门的项目小组，通过集成企业内的相关资源，使一切产品开发活动尽早开始在设计的早期阶段就考虑影响产品生产周期的各种因素，并力争一次获得成功。

并行工程的技术方法主要有多功能项目小组、协同工作环境、多目标设计、信息集成与框架、预发布与设计评审、过程重组、快速样件制造、产品数据管理和加工过程仿真与无图纸生产等内容。

（1）多功能项目小组

所谓多功能项目小组 (Working Team) 就是围绕特定的产品开发任务，由不同专业、不同部门人员组成的专门开发队伍。多功能项目小组常常采用矩阵式组织结构模式，项目小组是 CE 最明显、最主要的一个特点。小组成员代表着企业的所有部门和产品生命周期所有阶段的专业领域，因此能并行设计产品及其相关过程。

并行工程小组的大小、成员数及所包含的专业取决于产品开发类型及其过程的复杂性。如全新产品开发——采用全新的原理、技术、结构、工艺、材料，因此工作任务大、涉及面广，相应地需要组织较大规模的小组；产品改进——在原有产品基础上从材料、结构、工艺等某些方面加以改进以提高性能和质量，扩展规格型号、花色款式等，承担这种任务的小组其规模可相应小一些。一般地，项目小组的规模可分为 4 级

任务级：产品只有一个主要单元，只需少数几个人去开发；

项目级：产品有很多个单元，但只需要组成单专业开发组去完成；

工程级：产品较复杂，要组织包括几个单专业项目组的多专业任务组去完成；

企业级：产品很复杂，要组织包括多个专业开发组的产品开发组去完成。

随着从任务级向企业级的变化，小组所需的专业人员数量也随之增加。

（2）协同工作环境

CE 小组的成员来自企业的不同部门、不同专业领域，按产品进行组织队伍庞大且地域分散。为了适应多专业的协同工作，必须建立一个协同工作环境，即建立一个内部可以交互操作的支持环境。一方面做到正确的信息，在正确的时刻，以正确的方式，送给正确的人，做出决策、修改或认可；另一方面，建立各种数据库及方法库，积累设计和管理中的经验，重复使用以前所获得的成果，辅助决策。小组的成员只需较少的训练就能使用该环境。要尽可能地把成员们熟悉的应用程序集成在环境中，这样既可以保护企业现有投资，也有利于提高环境支持效率。作为一个多功能的集体队伍，在产品开发的长时期中，所有的人在

一起共同工作，彼此之间需要不断地进行信息交流。协同工作环境为团队的成员实现其共同的目标，进行创造性的工作提供了便利条件，每个成员仅需在自己的终端便可获得所需的信息，对产品的阶段设计结果进行设计评审。

（3）多目标设计 (DFX)

DFX(Design For X) 中的 X 可代表产品生命周期的各个因素，如制造、装配、检测、可靠性、测试、报废等。采用 DFX 方法的主要目的是在产品开发的早期阶段尽可能考虑影响产品生命周期的各种因素。在产品生产之前，解决设计中存在的各种问题，避免设计后期的设计变更。目前用得较多的是可装配设计 (DFA)、可制造设计 (DFM) 和可检测设计 (DFT)。从概念设计到工程设计，利用 DFA 工具，在产品设计过程中考虑产品可装配性问题，确定零件装配路线，生产装配工艺，进行装配过程仿真，确保设计出的产品能正确安装。在产品设计中，利用 DFM 工具审查现有加工设备、资源可否满足设计产品的制造，加工成本可否接受。在设计过程中，考虑产品的可检测性，避免产品生产完成后无法对产品进行检测的问题发生。

（4）信息集成与框架

并行工程环境下多专业协同工作，对集成出了更高的要求，不但要基于统一的标准、统一的产品模型、有效管理产品数据，还要对产品开发过程进行管理实现过程集成。实现开发过程的集成必须把经营管理、人、技术等要素整体优化，把产品数据置于统一的控制下，保证数据的安全性和一致性。支持产品开发过程集成的是 20 世纪 80 年代末开始研究的框架 (Framwork) 技术。框架是操作系统和工具间的一个技术层，它为并行工程的信息集成提供了基础。基于框架的集成很好地解决了点对点的集成存在的问题，因为应用程序相互独立且仅有一个接口与框架连接，变换一个应用程序不影响其他应用程序的集成。基于框架的集成允许信息系统的组织创建一个“即插即用”的集成环境，可包容多种计算机平台、网络和操作系统。信息集成与框架紧密相关，企业各个层次的技术、信息集成都要有框架的支持。

（5）预发布与设计评审

协同工作环境无缝支持在线信息预发布，信息预发布技术能尽早驱动后续的工作模块，取得反馈意见以修改产品设计。同时能对入口参数的合理性提出前向反馈意见，保证产品处于并行开发状态。CE 环境下的管理监督系统应当根据产品开发过程各环节的特点，对信息预发布的时刻、频率和信息量做出最佳安排。

当设计进行到一定阶段，设计人员需要通过协同工作环境的电子网络将设计结果传输给协同环境下的同组成员或其他组的有关成员提交评审。CE 环境下的设计评审是根据产品开发过程建立的，它应当确定设计评审模式 (阅览、评论和表决)，确定审查会签的人员、级别和权限。系统应建立并维护完整的评审日志，为后续产品的开发建立知识库。

（6）过程重组

全球市场的多元化发展驱动企业进行过程重组。过程重组即围绕产品开发绩效的提高，在现有条件的基础上减少不必要的设计环节、定位和更新企业资源的使用。过程重组应按照任务级、项目级、工程级和企业级分层次实施。随着群组规模的增大，过程重组的复杂程度成倍上升。过程重组应当考虑如下因素：

①明确责任划分的产品开发数据流程；

②产品开发过程由传统的串行模式发展为并行模式，允许项目在执行过程中进行反馈；

③随着各种应用程序的开发和集成，对群组成员素质提出了更高的要求；

④不同层次的群组对协同环境的基本要求；

⑤尽量使用已有的应用程序。

（7）快速样件制造 (RPM)

快速样件制造 (Rapid Prototype Manufacturing，简称 RPM) 是指在计算机控制和管理下，根据零件的 CAD 模型进行零件、材料组合 (由点成面、由面成三维实体) 制造出产品初始样件的方法。RPM 技术将抽象的 CAD 设计数据变成真实物体且不需要工程图纸。RPM 制造出来的样件可以在产品设计中增加设计可视化功能。据此设计师在设计的早期阶段可方便地检查关键的、高风险的零件和装配是否满足要求，从而提高设计效率、降低设计成本。样件可直接用作市场宣传，还可用于快速模具、工具制造。

（8）产品数据管理 (PDM)

PDM 是一个管理、存取和控制与企业产品相关的所有数据的系统。PDM 具有收集、存储、查询、发布、审查的广泛功能，同时还能自动生成工艺流程，定义产品数据及产品的开发过程。PDM 的结构和特点使用户能够采用并行工程方法，在计算机集成制造系统中，开发出高质量、低成本的产品。

（9）加工过程仿真与无图纸生产

加工过程仿真是在计算机上建立加工设备、刀具、工装夹具等模型，利用零件模型、CAPP 生成的 NC 指令、控制计算机仿真零件的实际加工过程：检查设备、工件、刀具、工装夹具间的干涉问题，验证 NC 代码的正确性。加工过程仿真的目的是在产品正式加工前验证设计合理性和可制造性，以便在设计阶段解决制造中的疑难，避免产品加工后因问题而设计返工。设计过程仿真是无图纸生产的必要手段。无图纸生产是现代企业追求的目标，是生产自动化的更高层次。除了在设计中考虑产品的可制造性和制造资源的可支持性等问题外，无图纸生产还需要产品的数字定义、数字预装配，需要有 MPS、CAPP、CAM 等软件的支持。

3. 设计团队的跨组织合作模式——动态联盟

21 世纪企业面临的竞争环境是一个持续多变的环境，由于新技术的出现和更迭速度越来越快，没有哪个企业能够像过去一样长期独占某个市场 (产品或地区)。这一新的竞争环境就对企业提出了新的要求——敏捷化的要求。它要求企业有很强的自适应能力，可以根据市场的变化迅速完成必须的自我调整，可以迅速和合作者结成新的合作关系，迅速设计出市场需要的新产品。

所谓动态联盟是指两个或两个以上的企业间或者特定事业和职能部门间，为实现某种共同的目标，通过公司协议或联合组织等方式而结成的一种网络式的联合体。

（1）动态联盟的企业组织特征

①分野不明。这种新型的公司模式使得传统公司责权概念有了新的定义，打破了传统公司组织机构的层次和界限，它一般由一些独立公司包括制造商、供应商，有时甚至是往日的竞争对手组织临时网络，网络没有中央办公室和众多的组织层次。一家公司出于某种战略考虑，往往要同多个国家的大批企业同时结盟，从而形成“你中有我，我中有你”的网络合作关系。

②技术先进。这类公司的发展技术将起关键作用。联盟中相距遥远的成员公司借助信息网络彼此联系、共同工作。伙伴关系赖于“电子合同”以加速联络，可以使产品达到世界第一流的水平。

③利用机会。这类公司伙伴关系并不持久，也不正式，注重抓住稍纵即逝的机会。若有具体机会来临，成员公司即聚兵会战，一旦需求解除，大家各奔前程。其后为了新的战略目标，上述公司可能又与新的合作者组成新的战略联盟公司。

④发挥优势。每个伙伴公司均将自己的核心优势贡献出来，所以有可能创建一个“一切都最优秀”的机构。每项工作、每个环节都可能是世界一流，而这是任何一家单个公司都做不到的。

⑤彼此依赖。为完成共同的使命，成员公司之间彼此依赖。因此，相互信任非常重要。

⑥强调协商。联盟可使相关企业根据自身需要选择适宜的方式或多种方式并用，因而具有以往从未有过的灵活性。尤其是非股权式联盟，其联盟协议看上去更是“谅解备忘录”，一般只阐明共同拥有市场、合作开发技术等基本目标，强调协商，它创造了新时代企业“竞争中的合作”的弹性机制。

（2）动态联盟的形式

①合资。由两家或两家以上的公司共同出资、共担风险和共享利润而形成的联盟。

②研究与开发协议。联盟成员之间合作研究开发某一个新产品和项目，它不仅仅是分享现有的技术设备和生产能力，而且还包含着新产品开发的技术。同时也可以提高现有的技术水平。联盟各方将它们的资金、技术、设备以及各种优势加以联盟，开发出新的产品。一旦新产品开发出来，它们还共同开拓国际市场。

③合作生产营销。通过达成一项协议共同生产和营销某一产品。这种协议并不带来联盟各方在资产、组织结构和管理方面的变化，仅仅通过协议来规定合作项目、完成时间等。成员之间仍然保持着各自的独立性，甚至在协定以外仍然保持竞争。

④相互持股投资。以上三种都是比较松散的联盟方式，而相互持股投资则显得更为紧密一些。它是企业之间为了巩固它们现有的良好合作关系，通过购买彼此的少量股份而结成联盟。典型的做法就是让联盟成员双方相互持有彼此的少量股份。与合资、合作或兼并不同的是，相互持有股份不需要将彼此的设备和人员加以合并，而是通过交换彼此的股份来建立起一种长期的、互相合作的关系。

（3）动态联盟的实施

动态联盟是一种松散的企业组织形式，企业通常是联合某一竞争者去对付其他竞争者。与此同时，在联盟内部也存在着彼此竞争的关系。所有这些都会给企业间战略联盟的形成与发展带来一些障碍和困难，因此建立有效的联盟，必须做好以下事情：

①确定合适的联盟伙伴。建立联盟的目的是通过不同企业的优势互补和整合而达到一加一大于二的作用，合伙必须具有某种专长才能成为联盟的成员。所以企业不应匆忙做出加入联盟的决定，应仔细分析在不同国家、地区和市场上与其他公司可能在哪些领域合作，在竞争与合作之间保持适当的平衡，否则可能导致联盟的失败。

②建立新型的组织关系。要减少联盟各方之间的矛盾，必须建立一种和谐平等的组织关系，并对各方的责任、义务、权利明确加以界定。经过精心雕琢的联盟组织结构将大大减少潜在冲突的发生，如为了和美国波音及麦道公司竞争，欧洲空中客车公司根据后勤工作的复杂性创立了自己独特的区位生产组织。

③联盟各方保持必要的弹性。战略联盟各方都必须随时能对市场和合伙各方的变化做出反应。原因很简单，市场变化，合作的双方也要变化，对方变化，自身也须变化。当发生分歧和矛盾时，应按对方的观点去分析问题，而不是拿自己的观点和价值标准去判断。战略联盟需要明确的规则和目标，但也需要有足够的余地，包括对改变方向的考虑。

④创造合作的文化氛围。联盟成员之间只有设定共同的价值观、工作作风和文化观念才能顺利推行合作进程。文化的差异往往使联盟产生分歧，所以任何公司都需要花更多的时间去了解其他联盟成员的组织结构、文化传统和个人动机等。创造良好的文化氛围是联盟成功的保证。

5.4　设计团队管理

5.4.1　设计师管理

1. 设计师的选拔

1999 年 4 月，日本的工业设计促进组织对其国内的制造业、汽车、资讯设备、电子装置、日常用品、住宅等作了一项聘雇情况与趋势调查，这项调查从 51 家公司获得正面的评价，调查获得了雇佣者对其设计师的期望。

表 5-2　设计师能力的类型及其重要度

序号	能力类型	能力重要程度
1	计划能力	30%
2	造型能力	25%
3	思考能力	20%
4	协调能力	12%
5	表达能力	8%
6	电脑辅助设计能力等	5%

由此可见，设计师的计划能力是最被看重的能力。由于设计师的工作的灵活性要求，不能有过多的条框限制，但是任何设计任务都是有规范的，设计师如果不能有效地计划自己的工作，将对设计项目的完成乃至设计的质量产生影响，所以仍需其他综合能力的协助。此外，设计师个人的身体素质、道德品质等专业技能之外的素质也需有较高的要求。无论是内选还是外聘，这些方面都要经过严格的考核。

2. 设计师的培养

为适应职业和技术方面各种新的要求，必须对员工进行全新的或强化性的岗位培训。越来越多的公司开始为员工，尤其是那些被认为是有发展前途的员工进行职业规划。这种做法非常有价值。当确认每一名设计师在职业发展方面需要的能力时，可以列出清单以把设计师现有的能力和组织今后所需要的能力进行对比，把双方都列出的能力作为重点进行培养，并确定多长时间之后需要这种能力。

根据这一清单让团队成员通过细致的、有条不紊的能力培养计划来增强其专业能力。设计师的培养不仅是设计企业发展的要求，也是留住优秀人才的重要手段，任何有长远眼光的设计管理者都不能忽视。

3. 创造良好的设计氛围

设计企业的环境设施传递着对员工的关怀，对劳动的尊重，更重要的是有利于工作效率的提高。环境设施不仅要保证功能性，设计的审美因素对员工感觉和行为也有着显著的影响。环境设施对审美因素的忽视往往带来的是态度冷漠的服务而不是“微笑服务”。

4. 人事保障措施

企业要多关注自己的员工，以下 8 个项目被证明是最有效的：个人发展；管理者培训；人力资源规划；绩效标准；职业进步；意见调查；公平待遇；利润分享等。

设计企业人员流动性非常大，那些没有奉行“以人为本”的公司丧失他们一流人才的情况在我们身边时有发生。设计师总是朝着那些现在或将来能够提高其职业地位的方向发展。人们会跳到能实现其个人目标的岗位，跳到他们能施展才能、发挥影响的岗位，在那里他们感到最大的满足。这就是说，我们面临这样的转变，人们从短视、追求当期效益转向了长期发展的规划。人们将更加谨慎地对待选择，现实地估计未来的发展前景。所以，人事保障机制对企业稳定经营非常重要，也是设计师管理的重点工作。

5.4.2 设计团队管理

设计团队重的员工是知识型员工，这一特点决定了我们不能运用传统的对操作工人的管理方式来管理设计团队。我们应该运用知识型团队的管理策略来管理设计团队。

1. 设计团队管理的基本特点

（1）构建自主的工作环境

工业革命的成就在于它成功地把专有技术转化为大机器生产流水线上的简单的、重复的劳动，从而大大提高了效率。与此同时，这种方法也扼杀了发明和创新。这显然与知识经济时代格格不入。“若太多的官僚作风强加在设计人员身上并限制他们创造力的发挥，公司中新产品的概念将会消亡”。为了鼓励知识型员工进行创新活动，企业应该建立一种宽松的工作环境，使他们能够在既定的组织目标和自我考核的体系框架下自主地完成任务。企业一方面要根据任务要求进行充分的授权，允许员工制定他们自己认为是最好的工作方法，而不应进行详尽监督和指导甚至强制规定处理问题的方法；另一方面为其提供其创新活动所需要资源，包括资金、物质上的支持，也包括对人力资源的调用。当然，应该避免过分强调自主所带来的负面效应，即员工自我迁就现象的发生。一种可行的方式是风险分担，利益共享。也就是说，把员工的收益与企业的发展前景紧紧捆绑在一起。

（2）实行弹性工作制

知识型员工更多地从事思维性工作，固定的工作场所和工作时间对他们没有多大的意义，而知识型员工也更喜欢独自工作的自由和刺激以及更具张力的工作安排。因此，组织中的工作设计应体现员工的个人意愿和特性，避免僵硬的工作规则。

（3）强调以人为本，实行分散式管理而不是等级制的管理

知识型员工具有较强的获取知识、信息的能力以及处理、应用知识和信息的能力，这些能力提高了他们的主观能动性，因而常常不按常规处理日常事情。和这些人员进行交往时，传统的官僚管理作风只会碰壁，因此需对知识型员工实行特殊的宽松管理，尊重人性，激励其主动创新的精神，而不应使其处于规章制度束缚之下被动地工作，导致员工知识创新激情的消失。应该让信息能够真正有效地得到多渠道沟通，使员工能够积极地参与决策，而非被动地接受指令。在知识经济时代，分散化管理已经成为一种必要。知识型员工也由于自己的专长而自负，对权威的顶礼膜拜已经成为历史的陈迹。谋求决策的科学性，更重要的是求得知识型员工对决策的理解，定期与雇员进行事业的评价与探讨，吸收他们的意见和建议，应是知识经济时代管理的一种趋势。

（4）重视知识型员工的个体成长和职业生涯的发展

在知识经济时代，人才的竞争将更激烈，人力资源管理的一项重要任务就是要吸引和留住优秀人才。然而，较强的流动意愿又与此相悖，知识型员工更注重个体的成长而非组织目标的需要。基于此，首先应该注重对员工的人力资本投入，健全人才培养机制。为知识型员工提供受教育和不断提高自身技能的学习

机会，从而具备一种终身就业的能力。员工对知识、个体和事业的成长不懈地追求，短训班超过了他对组织目标实现的追求。当员工感情认为仅仅是企业的一个“高级打工仔”时，就很难形成对企业的绝对忠诚。因此，企业不仅仅要为员工提供一份与其贡献相称的报酬，使其分享到自己所创造的财富，而且要充分了解员工的个人需求和职业发展意愿，为其提供适合其要求的上升道路。也只有当员工能够清楚地看到自己在组织中的发展前途时，他才有动力为企业尽心尽力地贡献自己的力量，与组织结成长期合作、荣辱与共的伙伴关系。

2. 设计团队组织管理策略——自我管理小组

国际上设计企业的金字塔型组织一直在不断被缩小，有的整个管理层次被取消了，控制范围得到扩展。在许多成功的公司里，真正的决策控制权向下和向外放给那些最了解他们周边环境的人，也就是设计师和提供服务的地方或者真正进行交易的地方。有时这些活动受到广泛的宣传，但实际上并没有进行或规划真正的改变。最成功的努力都是比较快和真实的。这些结果有时是引人注目的，而且差不多总是对公司交易具有积极作用。一个深思熟虑的自我管理小组战略需要管理层的勇气、长期的责任感和进行认真的教育。它需要各个层次的人员进行大胆尝试并对不确定性保持极大包容。

自我管理小组、其他减少直接监管的方法以及丰富工作内涵通常能取得成功的原因有三个：

（1）最接近问题的人或者受过培训的人最擅长有效解决有关问题。

（2）那些战略通常直接地和积极地提高质量、缩短周期时间、降低成本，而这些都是差异战略的组成要素。

（3）通过大量的取得成就、得到认可、控制和将基本信仰付诸实践的机会，自我管理小组能够显著地提高员工的自尊。这将使组织具有巨大的恢复力和持久力。

3. 设计团队的沟通管理策略

沟通是指可理解的信息或思想在两个或两个以上人群中的传递或交换的过程，目的是激励或影响人的行为。团队沟通是指组织中以工作团队为基础单位对象进行的信息交流和传递的方式。

一般地，可以采用以下的策略来克服沟通中的障碍。

（1）正确对待沟通

管理人员十分重视计划、组织、领导和控制，对沟通常有疏忽，认为信息的上传下达有了组织系统就可以了，对非正式沟通中的“小道消息”常常采取压制的态度。这表明企业管理层没有从根本上对沟通给予足够的重视。管理人员要明确沟通的重要性，正确对待沟通，这是做好沟通工作的基础。

（2）培养“听”的艺术

对管理人员来说，“听”不是件容易的事。要较好地“听”，也就是要积极倾听。在倾听别人的谈话时，要做到全神贯注地、充满兴趣地倾听，注意非语言暗示，该沉默时必须沉默。要尽量选择安静的地方，当你没有听清楚时请以疑问的方式重复一遍，当你发觉遗漏时要直截了当地问，最后要留适当的时间用于辩论。同时，在倾听别人的谈话时切忌打断别人的表述、争辩、过快地或提前做出草率的判断，也不要从事与谈话无关的活动，不要让别人的情绪直接影响你。

（3）创造一个相互信任、有利于沟通的组织文化环境

企业经理人员不仅要获得下属的信任，而且要得到上级和同僚们的信任。他们必须明白，信任不是人为的或从天上掉下来的，而是诚心诚意争取来的。

（4）缩短信息传递链，拓宽沟通渠道

通过采取减少组织机构重叠，在利用正式沟通的同时开辟高层管理人员至基层管理人员的非正式的沟通渠道等措施，保证信息的畅通无阻和完整性。

（5）建立特别委员会

特别委员会由管理人员和第一线的工人组成，定期相互讨论各种问题，从而加强上下级之间的沟通。

（6）非管理工作组

当企业发生重大问题、引起上下关注时，管理人员可以授命组成非管理工作组。该工作组有一部分管理人员和一部分职工自愿参加，利用一定的时间调查企业的问题并向最高主管部门汇报。最高管理层也要定期公布他们的报告，就某些重大问题或“热点”问题在全组织范围内进行沟通。

（7）加强横向交流

通常，企业内部的沟通以与命令链相符的垂直沟通居多，部门间、工作小组间的横向交流较少。加强横向沟通，促进横向的合作，对于组织内乃至组织间的沟通尤为奏效。

（8）利用现代信息技术克服沟通障碍

现代信息技术，其是企业内部网的引入，使组织内部信息沟通变得及时、准确和透明。值得注意的是，信息技术要发挥作用还需要规范的数据、人员素质等方面的支持。

4. 设计团队的冲突管理策略

沟通是为了减低组织的管理成本，进而降低组织之间的交易成本。但是，由于组织之间以及组织中员工之间本质的区别，沟通并不会达到尽善尽美的效果。这样，组织摩擦和人员摩擦不可避免地发生，带来额外的管理组织成本，摩擦程度越大，组织的协调成本越高。

冲突是指由于某种差异而引起的抵触、争执或争斗的对立状态。人与人之间在利益、观点、掌握的信息或对事件的理解上都可能存在差异，有差异就可能引起冲突。不管这种冲突是否真实存在，只要一方感觉到有差异就会发生冲突。

一般地，冲突产生的主要原因有三个方面：

一是由于文化和历史背景不同、语义困难、误解及沟通过程中的噪音的干扰，都可能造成沟通不良，使得人们之间意见不一致，从而产生了沟通差异。

二是由于分工造成组织结构中垂直方向和水平方向各系统、各层次、各部门、各单位、各不同岗位的分化，带来了各单位为了本单位的利益和荣誉，许多人都会理直气壮地与其他单位甚至上级组织发生冲突，即组织结构差异也容易引起冲突，一些管理者甚至将冲突看作是自己的职责或作为建立自己威望的手段。

三是由于每个人的社会背景、教育程度、阅历、修养塑造了每个人各不相同的性格、价值观和作风，人们之间这种个体差异造成的合作和沟通的困难往往也容易导致某些冲突的发生。

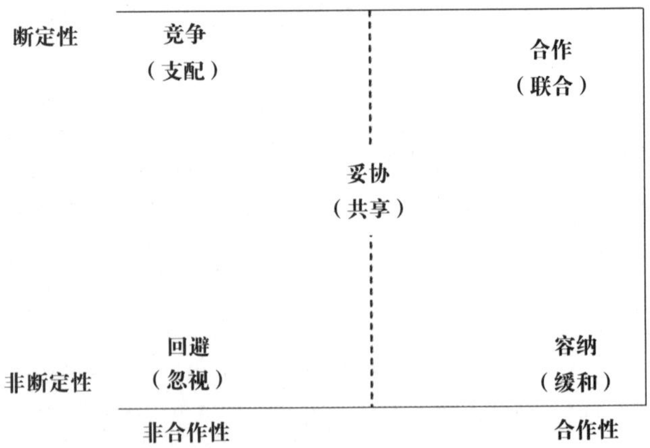

图 5-4　团队冲突管理的策略

根据与冲突有关的两个维度：非断定性到

断定性、非合作性到合作性，可以确定 5 种可能的策略来处理冲突。如图 5-4 所示。

（1）竞争

竞争涉及对某项事务持有坚定的立场，常用于威胁团队中欠缺才干的成员。这种策略适合于某些情况。例如，在确认自己是正确的这种紧急情况下，竞争就是适合的。

（2）合作

合作方式鼓励不同的见解，这些不同的见解被看作是机会，从而具有建设性意见。这种策略通常用于获得对某项事务的其他看法，并把不同的观点摆上桌面。合作方式有助于培养主人翁意识，有时还可以解决以前的分歧。

（3）容纳

容纳策略在你发现自己对情况的理解可能有错并准备放弃时应用。它表明你是一个理性的人，知道何时放弃。你经常会认识到其他的观点有更多的优势，这是一种和平的妥协，并且为今后的工作建立了声誉。某些情况对你并不重要，或者是对其他人更重要，这个时候就应该执行容纳策略。

（4）回避

如果你对某项不赞成的决定是接受它而不是与之对抗，那么你就是在回避它。如果你拒绝有意义的输入信息，那么你是在以长期的危害为代价换来短期的和平。如果其他人更擅长处理这种情况，那么回避策略可能会比较好。

（5）妥协

总的来说，这是冲突的最佳解决方式，它代表了一个相互妥协的解决方案。在其中每一方都会赢得一些东西。当解决方案继续延迟的代价非常昂贵时，这是一种合适的策略。

练习思考题

1. 试分析提高设计团队及设计组织工作效率的策略。
2. 试比较设计组织的几种模式的优劣。
3. 思考如何留住设计人才。

第 6 章 设计管理典型案例解析

6.1 PHILIPS 的设计管理

PHILIPS（飞利浦）公司 1891 年成立于荷兰，是世界最大的电器公司之一。它致力于通过及时地推出有意义的创新来改善人们的生活质量。2013 年 1 月底，飞利浦消费电子业务已全部剥离，聚焦优质生活、医疗和照明设备行业。飞利浦公司已发展成进入世界 500 强的一流大型跨国公司，在全球具有很高的品牌价值。

曾以“让我们做的更好！”在中国家喻户晓的 PHILIPS 具有独特的魅力吸引消费者，一向以技术见长，有强大的生产能力，并用无形的品质以有形的形式表现出来。

PHILIPS 的设计战略已形成统一的模式，在 PHILIPS 设计与管理已经有机结合为企业对资源进行有效的调用。

PHILIPS 坚信，技术创新的唯一目的是改善人们的生活质量。为此，公司在致力于向真正的市场驱动型企业的转型道路上。高端消费电子市场的竞争，并不是单纯的价格战，而且技术与生产综合实力的竞争。在顾客导向为特征的经济时代，将创新概念与技术融为一体，是企业改写和创立游戏规则的利器，投入巨资从事专利研发则是世界超一流企业竞争的战略制高点。作为世界顶级企业，PHILIPS 每年投入高达 9% 的营业收入到研发中，目前持有约 10 万项专利权，每年还将获得近 3000 项新专利。高比例的技术研发投入和卓越的创新思维，为 PHILIPS 带来了无限的领先优势。

历史上，该公司曾对世界家电工业的发展做出过重大贡献。20 世纪 60 年代初期发明了盒式磁带录音机，飞利浦盒式磁带标准成了世界标准，以后又发明了录像机；80 年代初与日本 SONY 公司共同研制出 CD 机，后又联合 SONY 推出 DVD 和蓝光 DVD。

进入 21 世纪，飞利浦变革与发展的步伐始终没有停息。长久以来飞利浦在人们的心目中只是一个消费电子产品生产商。如今，公司开始规划新的蓝图，显示出了医疗保健、优质生活、照明领域的技术实力。

PHILIPS 在设计战略上提出“一个设计”的理念，即一切服务与设计相连。在 PHILIPS 公司，每个项目都会将管理者带入合适的商业环境，并使他们对与设计相关的服务现状做出正确认识和评判，然后设计部门根据他们的结果共同探讨出可行性方案，从而将管理成功导入设计渠道中去。

在设计与品牌方面，PHILIPS 公司是以品牌增值和管理设计供应链为目标，从研究人所有可能接触的媒介和方式开始，探索人的各种感官和心理，在对全球持续做出研究和分析后，有效地做出决策，进行品牌定位，通过企业形象设计，体现宏观管理，使品牌和设计结合成一个整体，并最终使其形成和谐统一的形象和价值。

2004 年，飞利浦发布了新的品牌承诺“精于心 · 简于形（sense and simplicity）”，并通过大规模的广告宣传攻势，承诺为消费者提供“为您设计、轻松体验、创新先进”的产品和解决方案。

2007 年 9 月，飞利浦发布了“愿景 2010”策略，进一步将飞利浦打造成为高增长、高利润的公司。作为“愿景 2010”的一部分，从 2008 年 1 月 1 日起，公司精简了组织架构，成立了三大事业部：医疗保健、照明和优质生活。

2013 年发布了新的品牌定位。新的品牌定位传承了公司“带给人们有意义的创新”这一优良传统。作为新品牌定位的一部分，飞利浦新的品牌口号“创新为你”也同时发布。新的品牌口号根植于飞利浦的一贯理念，即只有基于对消费者需求和渴望深入洞察的创新才是有意义的。同时，公司还在其阿姆斯特丹全球总部大楼正面展示了著名的飞利浦盾形标识的新设计，新的盾形标识保留了一些已为人们熟知的元素，同时增加了一些 21 世纪的创新元素，这样的设计更符合数字媒体和移动传播渠道的需求。配合新品牌定位的发布，公司创建了一个数字化的发布平台，通过讲述故事的形式，展现了一系列对人们的生活产生积极影响的飞利浦创新产品。例如：磁共振成像高强度聚焦超声疗法，该疗法能在治疗肿瘤时不损害周围的健康组织；飞利浦 Hue 家居智能照明系统，包括荣获 2013 年红点大奖的 HF3550 唤醒灯。（如图 6-1 所示）

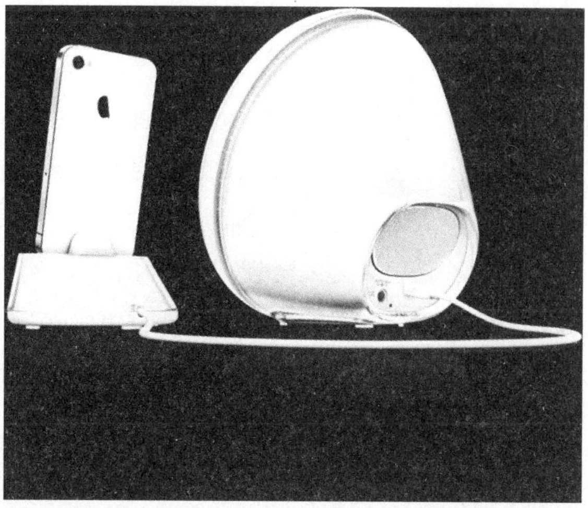

图 6-1　飞利浦荣获 2013 年红点大奖的 HF3550 唤醒灯

2015 年，随着 4K 成为大尺寸电视标配，发展新型技术、差异化竞争成为外资品牌电视破局的主要途径。这一年里，飞利浦电视一直坚持创新，提出“高贵不贵”的概念，之后又率先提出技术引领“4K+”的理念，推出了 7 大系列 4k+ 产品：超薄电视，QD 量子点，流光溢彩、流光投彩，曲面电视，Soundbar 一体化外置音响电视，OLED 有机自发光电视，HDR 高动态范围电视，从用户实际需要出发，满足用户的多方面需求，不断在彩电行业引领潮流，将飞利浦“创新为你”的理念，推向大众视野，不断被大众熟知与认可。更从用户角度出发，注重产品质量、注重用户体验的同时，还能从根源消除用户的顾虑。飞利浦电视打破常规，在保持主要部件三包有效期不变的情况下，率先提出高于国家标准的保修升级服务，将部分线上产品整机的保修的时间提升到 2 年或者 3 年；同时在“飞利浦电视服务号”开设会员制度，只要是在保修期之内的用户，关注服务号，注册会员同时注册产品，即可享受三个月的延保服务。

通过这些举措，进一步将飞利浦定位为一家以市场为导向、以人为本的公司，其业务结构和发展策略充分反映客户的需要。基于这样的业务组合，飞利浦正在积极打造“健康舒适、优质生活”领域的领导品牌。

6.2　苹果公司的设计管理

苹果公司是美国的一家高科技公司，核心业务为电子科技产品，并以创新而闻名。

1. 企业文化

企业文化在企业的发展过程中起着不可替代的核心作用。苹果公司的口号是：变革偏执创新。管理特点为：极简主义。

苹果公司如何从一个频临破产的企业到现在如日中天的，它是如何做到逆转的？偏执创新是如何一步步实现的？

（1）组织设计

作为一个全球性地大公司，其在组织设计中，实行小而精的组织结构，对每个区域因地制宜，组织细分。职能部门化，发挥专长，因人而异。这样的组织设计具有清晰的产品责任和联系环节从而实现顾客满意，使各部分的适应不同产品、地区，产品及顾客专业化，形成跨职能的高度协调；同时适应不稳定环境下的高度变化，提高管理的灵活性和适应性。设计职能化，极大地缩短了决策时间，提高效率，高效执行力，做到品质利益最大化。

（2）人员配备

在人力资源管理方面，苹果公司拥有完善的 HR 人力资源管理系统：①苹果公司运用专业的 IHR 人力资源管理系统，使人力资源专业化，并形成制度；②以人为本的员工帮助中心及自我管理的员工福利计划；③专业化人才培训制度：以创新为主导的苹果公司研究员计划。

苹果公司进入快速发展期，其人才策略是功不可没的。苹果公司招聘的研究人员和开发人员与同行相比少一些，而更多的是经理和行政管理人员、市场营销人员，而且在公司的员工工作时间都超过 5 年，甚至 10 年。显然，与同行相比，苹果公司灵活可变的空间较小，工作人员专业性强。

苹果公司每 2 年在公司的每个组织中进行一次全面的员工调查；随机抽取员工进行调查更是频繁。调查的内容包括员工对战略的理解程度，以及要求员工能创造与该战略一致的结果。

（3）绩效管理

随着现代企业制度建设的逐步完善，以及经济全球化的趋势，许多企业原先按部就班的薪酬方式越来越受到冲击，摆在企业面前的将是一个面临更具挑战性、实用性的薪酬制度的设计，它将促进企业在人才竞争、企业发展、资源利用等方面发挥优势，占尽先机。苹果正是这样一个革新者。

苹果公司实行平衡计分法，对公司的各个方面采用不同的测评办法和指标，如在顾客方面，强调市场份额和顾客满意度；在创新和提高方面，强调雇员态度等。

公司的设计人员、高级软硬件工程师、产品经理及产品设计工程师的薪酬都居于公司的前列。从中可以看到，公司员工薪酬都是跟该岗位对公司的重要性挂钩的，这种安排对员工情绪、公司稳定和发展都有较大好处。

（4）组织力量的整合

苹果公司精减组织结构，实行因人设职、权责分明的制度。无隔层沟通，快速传递了信息，从而减小管理幅度，提高效率。

2. 独特的经营理念

（1）变革原始的商业规划，树立新的发展蓝图。苹果最初只是一家生产电脑的公司，乔布斯知道如果公司要取得真正的成功，就必须改变产品单一的现状。后来苹果 MP3，iPhone,iPad 等相继问世，取得了巨大成功。乔布斯也在 2007 年将公司名字从 Apple Computer Inc. 改为 Apple Inc.，这也象征着公司更新更广阔的发展蓝图。

（2）只有永远的利益没有永远的敌人。由于苹果电脑系统中的软件太过专业，不符合大众需求的那种简单实用，在与微软公司 10 多年的竞争中，被压制的奄奄一息，年年亏损。为了扭转这种局面，乔布斯向比尔·盖茨寻求合作，盖茨最终向苹果公司投资了 1.5 亿美元，合作经营时更新了微软的旗舰产品 OFFICE 系列，使之能预装在苹果公司的 MACBOOK 中，捆绑销售给消费者，从而使苹果公司起死回生。

（3）引领产品设计，保证产品的独特性。

①重新塑造产品形象，改变外观，创造消费者想要的。在设计上，苹果的设计美学是公认的无可匹敌，它的外观总是引人注目。界面设计美感十足，完美的包装及产品的细节设计，注重操作的流畅性，给用户以自信感。整个产品领先潮流，极大地满足了用户心理的需求。

②主动引导用户消费。主动告诉消费者他们需要什么，不消极对待消费者的信息反馈。苹果有能力使用户购买他们曾经不需要的产品。

③以人为本，科技创新。苹果公司几十年走过来，其组织结构、管理形式、领导管理层都在改变，但其创新的本质一直从未改变。在科技上，一直处于领先。

比如它的电脑文档名一开始就是不限制字数的，而微软在 N 年后才走出了 8 个字符限制的阴影。

2007 年苹果公司推出 iPhone 系列，直板造型的外观，其厚度平易近人，实现了真正意义上超薄，并具有超大的 3.5 英寸屏幕及 200 万像素的内置摄像头。2008 年推出第二款 iPhone3G，外观在前一款的基础上，外壳采用了新的疏油聚合涂层，可以在一定程度上达到防水防油防指纹的功能，显示效果在当时也是相当出色。iPhone3GS 真正奠定了 iPhone 的霸主地位，其更加轻薄的机身和更强大的配置也是在显示苹果一步步地将 iPhone 做到极致。而 iPhone4 是 iPhone 一个新历程，性能有了跨越性的提升，特别是苹果特有的视网膜技术，使得该机的显示效果代表了目前最高水平。再到 iPhone5、iPhone6 及 6plus、ipod、itouch 直至 iwatch，是苹果在不断创新、发展壮大。

多点触控，苹果公司仍然业界翘楚。连点成面，苹果推出的产品不仅极具创新性，而且不同产品之间可以相互有机融合，增加了产品的可用性。使产品简单化，简单的用户体验才是王道。苹果的设计师 Jonathan Ives 曾说过：“无论我们开发什么产品，我们都会尽最大努力使产品变得简单易用，因为人们天生青睐简单易用的产品。”满足不同人群的需求，如成功人士喜欢它的快捷，年轻人则是追求时尚、捕捉潮流，而有些人是为了提高自身品位，享受高科技的乐趣。

苹果将企业文化、对世界的认知及跨时代的美感装入其产品中，由此诞生了多个跨时代的电子产品，外观美观、内在丰富，改变了消费者对电子产品原有的印象，设计出最炫酷的产品，让人们享受最新的高科技，同时使消费者对新产品趋之若鹜。

（4）品牌采用多渠道、关联性整合传播

①广告

苹果创办初期曾在办公室悬挂海盗旗，向世人宣称“我就是与众不同”。

如在 1981 年，IBM 推出个人计算机，用于家庭、办公和学校，使用 inter 芯片的 pc 机也是当时的主流。Apple Macintosh 系列于 1984 年推出，提供了图形界面，使用鼠标方便地操作，为了和 IBM pc 的竞争，推出广告《1984》，奠定了反传统的革新者形象，广告被誉为反权威的经典。1997 年，乔布斯重返苹果，为了振奋精神，也许是针对 IBM 的“Thank”，推出了“Thank different”的广告，传递苹果的价值观。

2004 年的一个利用明亮的背景、动感的剪影、全世界流行的摇滚或时尚的色彩以及永远是画面中心的白色创意广告，获得了美国杂志出版协会价值 10 万美元的凯利大奖剪影广告。

②旗舰店

在著名城市的著名区域设立旗舰店。如美国的纽约曼哈顿，德国的慕尼黑，中国有北京、上海等。

③发布会

iPod 面世的第一次展示开始，每一次新品展示会，苹果都会使出百般手段，在场地布置、灯光、色彩、背景音乐等每一个细节上尽善尽美地为产品营造出科技、创新、时尚的气氛，并力邀各大媒体、时尚人士或 iPod 爱好者出席，为新品的问世捧场。

④名人效应使其神圣化、符号化

iPod 创造性地推出了有明星签名的机型，制作了有 U2 乐队的特殊版本 iPod，附带了乐队各成员的自传。2009 年美国总统奥巴马在白金汉宫出席伊丽莎白二世为参加二十国集团峰会的各国领导人举行的招待会，并把存有女王 2007 年访问美国的照片和录像的 iPod 播放器作为礼物送给了女王，树立起其品牌高端、奢华的品牌价值符号。

⑤打造忠实用户

通过体验店、网络虚拟社区，对 iPod 爱好者进行引导，提供一个开放平台供大家交流。召开只针对苹果粉丝的“新品发布会”，强化群体意识，培养用户的忠实度。

（5）改变营销渠道。设立直销网络，改变原有的经销商代理的销售渠道。

3. 品牌形象系统

在激烈的市场竞争中，往往由于形象的缘故，使得品质上相差无几的同类产品，明显地呈现此盛彼衰的现象。经营者们也逐渐认识到形象力在竞争中的作用，在经营环节中不断加大形象的渗透力度。一个成功的企业不仅仅是做用户体验与用户需求，更来自于背后坚固笃实的文化力量，来自苹果企业正确的品牌核心价值与品牌文化。

企业形象的整合更是不容忽视的经营方式。而极细微的一个品牌识别图形也会带给企业大大的惊喜！因为这些正确的方向，苹果企业让整个社会提前进入用户体验商业生态圈中。

单一、零散的形象，支离破碎和残缺不全的形象，都难以形成记忆和印象，极易被人忘却。整合后的表象，以统一性、系统性的形象要素，加强企业信息传递的频率与强度，从而产生倍增的传播效果，同时，由于整合后的形象要素，会以其设计规范化、制作程序化来保证在更多的应用领域中，减少不必要的重复设计费用，在制作中也可降低制作成本。因此，形象整合为竞争中的企业降低成本、增强传播效果提供了很好的思路。

苹果的企业形象整合可谓现代社会最好的实例。苹果品牌重视设计，这也是乔布斯的一大远见。苹果企业无论从软件系列产品看，还是从软硬件产品系列看，都形成了产品形象设计系统。乔布斯多年的蓝色牛仔与黑色体恤也是一个细节性说明。白色、灰色、蓝色、黑色，就是苹果企业的品牌标准色，也是代表科技的最佳色彩构成，很多人无不为这些色彩所构成的简洁风格倾倒。

（1）软件产品形象设计系统

该系统是整个软件产品形象的基石，是比较关键的，也是许多企业所最容易忽视的部分，软件的界面设计不仅仅是将主操作界面进行美化，而是在软件产品形象基石上的美化与设计。

产品基础系统包括软件名称、软件标志、软件界面、软件文化四个子系统，并且这四个子系统是互相联系、紧密为一体的。

软件名称是非常重要的，它不只是一个代号或法律问题，实际是品牌形象的重要因素，是用户第一受影响的因素，包括软件专用名称、软件英文名称、软件简称等，并对名称的标准字要进行艺术化、标准化设计，要求与企业形象设计系统中的标准字一样。如苹果的软件命名：ios。

软件标志一般可视化为桌面上的软件启动图标。产品标志是品牌、商标的一个组成部分，是传达产品形象的主力符号。如何传达产品特色，使软件用户更容易认知并产生好感，是采取文字标志、字母标志还是图形标志需要根据实际情况而定，要达到确切代表产品的形象与表现软件的功能的目的。软件标志可以说是整套设计的核心，如同一个企业的标志，也可以以企业标志来作为软件标志，这种情况由企业的情况而定。如苹果的软件 icloud 标志。

软件界面设计是一门专业的可研究性的设计项目，又称界面交互设计，主要包括：登录界面 / 启动界面、主操作窗口、功能图标、菜单、下拉框、对话框、安装界面、各模块控件、互动元素等。苹果的软件界面设计系列化，并且有相关的界面设计规范书，该规范书非常深入系统地讲解电脑操作系统或手机操作系统界面上的元素，如同一个企业的形象 VI 手册。

产品生存的空间就是一个文化的空间，每个产品都含有文化因子和自己的文化活动空间，软件产品更具有自身的文化特性与功能特性，是企业学术与技术文化以及背景与实力的载体。

同时，苹果公司将软件形象运用到界面设计与包装设计及各个子系统中，通过以上对产品形象传播的塑造，产品在市场上琳琅满目的同类商品中才能独树一帜，具有显著的差异性与深度的个性。

（2）硬件产品形象设计系统

苹果不但在软件产品形象设计上能成系统，在软硬件产品形象设计上仍然能形成成熟有机的系统，并且遥遥领先，因为很少企业软件硬件整合开发。我们可以从苹果公司硬件产品命名、硬件产品标志、硬件产品外观设计上去看，以及其他概念与软件产品形象设计系统一致，达到的效果也一致。

品牌的识别度可以来源于不同的表现形式。可以是听觉，比如苹果经典的铃声；可以是视觉：从最直观的商标，以及更深入产品内部的各种设计元素；更可以是从形状上。那么苹果的什么形状最特别呢？那就是圆角方形。无论是苹果的硬件产品，还是苹果的软件产品，以及苹果软件界面或网站界面中的按钮设计，甚至是苹果专卖店的名片与桌椅，都有圆角造型。从 iOS App 的图标、内部软件设计规范（到处可见的圆角）到硬件（比如 Mac mini）的设计，圆角让你第一时间想到苹果。这也是苹果软硬件产品形象设计系统的高度表现。（如图 6-2 所示）

图 6-2　苹果公司形象设计

苹果公司正是通过从各个方面进行有效管理和整合，创造了科技界不可超越的神话和奇迹。

6.3　海尔集团的设计管理

1. 历史发展

海尔集团是全球领先的整套家电解决方案提供商和虚实融合通路商。海尔创立于 1984 年，经过三十多年创业创新，从一家资不抵债、濒临倒闭的集体小厂发展成为全球白电第一品牌。海尔秉承锐意进取的海尔文化，不拘泥于现有的家电行业的产品与服务形式，在工作中不断求新求变，积极拓展业务新领域，开辟现代生活解决方案的新思路、新技术、新产品、新服务，引领现代生活方式的新潮流，坚持以用户需求为中心的创新体系驱动企业持续健康发展，以创新独到的方式全面优化生活和环境质量。

根据世界权威市场调查机构欧睿国际 (Euromonitor) 发布的 2015 年全球大型家用电器品牌零售量数据显示：海尔大型家用电器 2015 年品牌零售量居全球第一，这是自 2009 年以来海尔第 7 次蝉联全球第一。同时，冰箱、洗衣机、酒柜、冷柜也分别以大幅度领先第二名的品牌零售量继续蝉联全球第一。海尔在全球有 5 大研发中心、21 个工业园、66 个贸易公司、143330 个销售网点，用户遍布全球 100 多个国家和地区。

2015 年 3 月 31 日，海尔在京发布电视模块化战略，并联合阿里巴巴推出海尔阿里 II 代电视，这是双方首次推出可定制的模块化电视，用户更换模块即可实现电视的软硬件升级。

2016 年 1 月 15 日，海尔集团宣布，海尔集团与美国通用电气当日签署了合作谅解备忘录，双方将在全球范围内合作。

海尔已跻身世界级品牌行列，其影响力正随着全球市场的扩张而快速上升。

2. 企业文化

求变创新，是海尔始终不变的企业语言；更高目标，是海尔一以贯之的企业追求。

海尔文化的核心是创新。它是在海尔三十年发展历程中产生和逐渐形成的特色文化体系。海尔文化以观念创新为先导、以战略创新为方向、以组织创新为保障、以技术创新为手段、以市场创新为目标，伴随着海尔从无到有、从小到大、从大到强、从中国走向世界，海尔文化本身也在不断创新、发展。员工普遍认同：主动参与是海尔文化的最大特色。当前，海尔的目标是创中国的世界名牌，为民族争光。这个目标把海尔的发展与海尔员工个人的价值追求完美地结合在一起，每一位海尔员工将在实现海尔世界名牌大目标的过程中，充分实现个人的价值与追求。

3. 品牌价值与标志

海尔多次获得国际国内大奖，其品牌价值连续 11 年蝉联中国最有价值品牌排行榜。

海尔的标志经历了五代的演变，海尔商标的演变是海尔从中国走向世界的见证。从 1984 年开始，海尔走的就是一条品牌之路。

第一代标志，在公司刚刚起步时，电冰箱生产技术从德国利勃海尔公司引进先进技术和设备，生产出亚洲第一代“四星级”电冰箱，当时双方签订的合同规定，为体现双方合作，海尔可在德国商标上加注厂址在青岛，于是海尔引进“琴岛—利勃海尔”作为公司的商标。（琴岛，青岛的别称），并设计了象征中德儿童的吉祥物“海尔图形”（海尔兄弟）。（图 6-3）

图 6-3　海尔 卡通 LOGO

琴島海尔

QINDAO-HERR

图 6-4　琴岛海尔 文字 LOGO

这些识别标志经广告广泛宣传，使海尔商标初步深入人心，为企业发展起到了积极作用。到 20 世纪 80 年代末 90 年代初，“琴岛—利勃海尔”冰箱在中国已是家喻户晓，成为优质产品的代名词。

第二代标志。1991 年企业名称确定改为“青岛琴岛海尔集团公司”，产品商标也同时改为“琴岛海尔”，实现企业名称与产品商标的统一，同时导入 CIS 理念，推出以“大海上冉冉升起的太阳”为设计理念的新标志，中英文组合标志“琴岛海尔”，“海尔蓝”为企业专用颜色，形成了集团 C I 的雏形。（图 6-4）

这些标志的推出强化了消费者对海尔企业和商标的认知，但是识别标志存在着不够凝练，工业感、科技感不强等弱点。伴随着海尔企业的迅速发展，多元化、国际化的趋势更加明显，原有的企业识别标志已不能适应企业发展的步伐，迫切需要更为超前的企业识别标志和品牌定位。

随着企业进军国际化市场步伐加快，1991 年 12 月，企业名称改为“海尔集团”，集团将产品品牌与集团名称均过渡到中文“海尔”。

第三代标志，1993 年 5 月，经过深入的调查研究，将企业名称简化为“海尔集团”，把英文 Haier 作为主识别文字标志，集商标标志、企业简称于一身，新的标识更与国际接轨，设计上简洁、稳重、大气，广泛用于产品与企业形象宣传中。（图 6-5、图 6-6）

图 6-5　主识别标志

图 6-6　海尔品牌口号

为推广“Haier”，集团以中文“海尔”、海尔吉祥物图和“Haier 海尔”组合设计为辅助推广手段，力求建立长期稳定的视觉符号形象。这种抛开具体图形符号标志，追求高度简洁的超前做法，顺应了世界流行的设计趋势，为企业国际化奠定了形象基础。在此基础上，海尔集团把企业识别系统看做一个过程而非一种表现形式，在企业发展中以务实的态度不断完善企业视觉识别各要素，经过不断改进加以完善。

从“琴岛—利勃海尔”到“琴岛海尔”再到“海尔”，从商标的演变可以看出海尔塑造品牌形象、逐步走向国际化品牌的发展历程。海尔，正在努力成为真正的国际化品牌。

第四代标志，2004 年 12 月 26 日，集团开始启用新的海尔标志，其由中英文（汉语拼音）组成，新的标志延续了海尔 30 多年发展形成的品牌文化；同时，新的设计更加强调了时代感。（图 6-7）

英文（汉语拼音）海尔新标志的设计核心是速度！因为在信息化时代，组织的速度、个人的速度都要求更快！风格是：简约、活力、向上！英文（汉语拼音）新标志整体结构简约，显示海尔组织结构更加扁平化；每个人更加充满活力，对全球市场有更快的反应速度！

汉字海尔的新标志，是中国传统的书法字体，它的设计核心是：动态与平衡；风格是：变中有稳。寓意着海尔人为了实现创世界名牌的目标，不拘一格，勇于创新！

图 6-7　海尔标志

图 6-8　海尔第五代标志和品牌口号

第五代标志，2013 年 7 月 28 日，海尔在创新全球论坛上，正式发布了步入网络化战略阶段之后品牌的新形象。公布了全新的企业 logo 和 slogan，其中新口号是“你的生活智慧，我的智慧生活”。(图 6-8)

新形象体现出：在新的战略阶段，海尔向着提供专业服务及解决方案的科技形象转变，蓝色以体现科技创新与智慧洞察的视觉感受；同时字体整体优化以获得更好的视觉平衡，体现海尔创互联网时代的全球化品牌理想，也表现了海尔对网络平台中每一个个体的关注；象征海尔节点闭环的动态网状组织，网格没有边框，无限延伸，寓意网络化的海尔无边界，而是共同直面用户需求的节点。

4. 品牌战略

从 1984 年创业至今，海尔集团经过了名牌战略发展阶段、多元化战略发展阶段、国际化战略发展阶段、全球化品牌战略发展阶段四个发展阶段，2012 年 12 月，海尔集团宣布进入第五个发展阶段：网络化战略阶段。

(1) 名牌战略发展阶段（1984—1991）：要么不干，要干就干第一

时代机遇：国家实行改革开放。

一般企业做法：只注重产量，而忽视了质量。

海尔创新做法：没有盲目上产量，而是严抓质量，实施全面质量管理，要么不干，要干就干第一。专心致志做冰箱，在管理、技术、人才、资金、企业文化方面有了可以移植的模式。家电市场供大于求时，海尔凭借差异化的质量赢得竞争优势。

(2) 多元化战略发展阶段（1991—1998）：海尔文化激活“休克鱼”

时代机遇：国家鼓励兼并重组。

一般企业做法：兼并后发展不下去；反对多元化发展。

海尔创新做法：兼并国内多家家电企业，实施 OEC 管理模式，即每人每天对每件事进行全方位的控制和清理，目的是“日事日毕，日清日高”。这一管理法也成为海尔创新的基石。

1998 年，哈佛大学把“海尔文化激活休克鱼”写入教学案例，邀请张瑞敏参加案例的研讨。张瑞敏成为第一个登上哈佛讲坛的中国企业家。

(3) 国际化战略发展阶段（1998—2005）：走出国门，出口创牌

时代机遇：中国加入 WTO。

一般企业做法：出口创汇，走出去又退回来做订牌。

海尔创新做法：实施“市场链”管理，以计算机信息系统为基础，以订单信息流为中心，带动物流和资金流的运行，实现业务流程再造。这一管理创新加速了企业内部的信息流通，激励员工使其价值取向与用户需求相一致。出口创牌，海外建立“三位一体”本土化模式。在美国纽约曼哈顿百老汇大街修建海尔大厦并设立为海尔在美国的总部，这幢建筑是纽约的标志性建筑。

(4) 全球化品牌战略发展阶段（2005—2012）：创造互联网时代的全球化品牌

时代机遇：互联网的发展。

一般企业做法：以企业为中心卖产品。

海尔创新做法：以用户为中心卖服务，探索“人单合一双赢”商业模式。海尔整合全球的研发、制造、营销资源，创全球化品牌。

(5) 网络化战略发展阶段（2012—2019）：网络化的市场，网络化的企业

时代机遇：互联网的发展。

一般企业做法：以自身为中心的传统型企业。

海尔创新做法：互联网时代的平台型企业，继续探索“人单合一双赢”商业模式。互联网时代的到来颠覆了传统经济的发展模式，而新模式的基础和运行则体现在网络化上，市场和企业更多地呈现出网络化特征。在海尔看来，网络化企业发展战略的实施路径主要体现在三个方面：企业无边界、管理无领导、供应链无尺度，即大规模定制，按需设计，按需制造，按需配送。

5. 研发机构

海尔中央研究院成立于 1998 年 12 月 26 日，致力于自主研发创新，承载着为海尔集团创全球知名品牌提供核心技术支持的使命。

海尔中央研究院主要围绕以下五个方面开展工作的：

（1）整合全球科技资源，实现超前技术项目的商品化，为海尔的国际化发展提供源源不断的技术支持。

（2）集成软件资源，提升海尔产品的附价值，并实现成本节约。

（3）主持技术标准的制定和实施，成为海尔及中国的技术标准拥有者，提升海尔及中国家电产品的技术实力。

（4）为海尔集团在全球的制造、采购、服务部门提供研发能力和技术支持。

（5）动态跟踪、采集、分析全球经济、市场、技术的动态，为海尔集团的决策提供依据。

海尔在企业管理、企业文化、企业重构等方面所有的探索，都带有全新的革命色彩，都带有海尔自身的烙印。

如今的海尔这个品牌已经成为世界上所有本土化品牌的综合概念，这种概念已经远远超越了产品的范畴，延伸为一种看不见但却存在于世界各地消费者心中的文化——源于本土但又超越本土的文化，一种品牌文化。海尔将其称之为“三融一创”：融智、融资、融文化，创本土化品牌。从这个角度说，海尔这个名字已经具有广泛的世界意义。这种意义就体现在全球海尔个性化的产品、个性化的服务中，与本土融为一体。

未来的海尔还将如何发展，我们无法估计。但是最好保持充足的想象力，因为海尔背后的中国正在飞速发展，海尔正在这个大舞台上努力创造属于中华民族的品牌！

练习思考题

进一步了解苹果、海尔、飞利浦等企业的设计管理经验，并进行总结，以便更深入地理解设计管理在企业发展中的重要意义。

7

下篇 设计法规篇

第 7 章 设计法规概述

7.1 国家创新战略与设计法规

7.1.1 传统设计与法规

古人云:“没有规矩,不成方圆”。这句话强调做任何事都要有一定的规矩、规则、做法,若无一定规则,就会出错,就无法成功。这里“规”指的是圆规,“矩”也是设计用具,是指曲尺。针对今天的设计领域我们可以解读为“设计必须是符合规矩的,设计同时在帮助社会形成规矩”。

现代意义上的设计,自诞生开始就是创造社会价值和推动经济社会发展的积极因素,是一种符合社会功利的典型社会问题,是一个企业、一个地区、一个国家兴旺发达的核心驱动力量;设计师及其设计活动是生产者和使用者的桥梁,理应受到社会法制的规范。

优秀的设计项目或产品不仅需要设计者独特新颖的设计理念,更需要设计法规的约束和规范,只有符合设计法规同时又拥有美感的作品才是真正成熟的作品。随着与设计相关的各种法律法规的不断完善,我们的安全也将得到更大的保障。设计法规在设计行业中发挥着保护、促进和发展的重要作用。

7.1.2 国家创新战略与设计法规

当今时代,国家和地区间的竞争主要凭借设计创新能力及创新驱动力而展开,协同创新设计成为社会和谐与进步的主流。协同创新是通过国家意志的引导和机制安排,促进各级政府、教育机构、研究机构、企业、社会大众发挥各自的能力优势、整合互补性资源,实现各方的优势互补,加速技术推广应用和产业化,协作开展技术创新和科技成果产业化活动,是当今科技创新和产业发展的新范式。

伴随着设计创意产业的蓬勃发展,设计法规的地位日益重要。人们愈来愈强烈地感受到设计创新是社会发展最重要、最持久的核心驱动力量。设计产业也由原来被动地、局部性地服务社会,转化为主动地、系统地、创新地引领和驱动经济社会发展。

在倡导文化创新和设计全球化的今天,设计法规的地位尤显突出。在以创新设计为主导的各种主题性、跨国经营性设计集成平台中,创新设计案例越来越丰富复杂,遇到的问题和挑战也会越来越尖锐。设计主体和它所关联的各种社会因素,以及设计创新系统内部各关键要素间的协同、匹配和利益关系纷繁多元。必须针对性地建构起完备的、具有公信力和约束力的各方面法律法规;并借助这些法律法规,来规范和引导设计创新产业健康理性的发展。设计法规在设计产业升级中发挥着整合、驱动、引领以及目前无法预见的越来越重要的作用。

7.2 “设计法规”的概念与范畴

7.2.1 设计法规的界定

设计是符合人类功利的创造性活动。不管设计的类别如何细分，其内涵和外延都与人类的基本需求、自然的和谐永续、社会的逻辑结构和协同发展紧密相连。而对这些设计创意活动的主体和相关社会因素进行整合、引导、制约、规范的法律法规，统称为设计法规。

设计要满足人的物质和精神需求，必须以人为本，那围绕人的安全保护、心理情感等多方面的法律法规，就形成以“尊重人性”为主的设计法规。

设计源于自然又回归自然，那围绕生物、环境的安全保护、资源的开发利用等多方面的法律法规就应运而生。

设计是创造社会价值和推动经济社会发展的积极因素；设计与社会政治经济、文化艺术、伦理道德、科学技术等密切相关；在这方面凡是与设计相关的法律规范，成为设计法规的主要组成部分，并且将越来越丰富完备。

国际工业设计协会联合会定义的宏观设计过程包括从设想到形成产品，再到工程生产使用，涉及的内容方方面面。同样，设计行业相关法规范围也很广，如专利法、版权法、商标法、反不正当竞争法、广告法、合同法、工程建设法、城建法、建筑法等。乍一看，这些法规放在一起，显得纷繁复杂，毫无头绪。其实，从法规的适用范畴来看，这些法规之间是相辅相成、互有联系的，是设计活动成功的前提。

7.2.2 设计法规的体系与范畴

按国际上通行的惯例，可以将设计法规体系分为设计知识产权法规及工程设计与建设法规两大部分。其中，设计知识产权法规是基于设计活动的知识性特征而适用的设计法规，涉及设计作为无形知识资产的生产、保护、转化、交易等运作，以及相关的一系列知识产权问题；而工程设计与建设法规则是设计活动投入工程生产建设中所涉及的有关设计法规，如工程设计法规、招标投标法、标准化法、环境保护法等。

设计各阶段，各法规之间也是相互联系和渗透的。比如，设计研究阶段设计师也要考虑到诸如零部件规格、人体尺度、加工装配等技术规范等生产问题，也应该辅助产品生产过程中有关工艺、技术、标准的调整和生产质量的跟踪；同时还要对产品包装、运输和传播等环节作主导性或辅助性设计、规划。又如，广告发布、技术引进和生产阶段也会涉及版权、专利的问题。因此在设计诸阶段，各相关法规是相互渗透的，你中有我，我中有你，共同形成了一个完整的设计法规体系。

其中与设计相关的知识产权法规占有极其重要的地位，它主要涉及与设计有关的著作权法（版权法）、专利法、商标法等。在此，作者根据各法规不同的性质特点，又进一步将设计知识产权法规分为设计与知识产权专门法规、设计知识产权相关法规两部分。前者设计与艺术产权法规（即指设计著作权法，因为与专利等工业产权相比，著作权更注重对艺术创作的保护）和设计工业产权法规（主要是设计与专利法、商标法、反不正当竞争法）；后者则涉及广告法、反不正当竞争法、相关市场法规（主要是合同法、拍卖法、公司法等）、传统工艺美术保护法（文化遗产保护）和一些国际条约（这是设计知识产权产品进入国际市场所必须遵守的规则，如《TRIPS 协议》《世界版权公约》等）。

下面，以知识产权对设计的保护为例进行比较，以便对设计与知识产权法规有一基本了解，如表 7-1 所示。

表 7-1　设计与知识产权保护实务比较

比较 权项	专利权			著作权（版权）	商标权
	发明	实用新型	外观设计		
保护内容	对产品、方法或其改进所提出的新的技术方案	产品的形状、构造或其结合所提出的适于实用的新技术方案	产品的形状、图案或其色、形、图案的结合，并适于工业应用的外观新设计	文学、艺术和科学领域内，具有独创性并能以某种有形形式复制的智力创作成果	具有显著性、合法性的文字商标、图形商标、文字和图形组合商标、立体商标等
保护范围与期限	保护范围以其权利要求书的内容为准，保护期为 20 年	保护范围以权利要求书的内容为准，保护期为 10 年	保护范围以《外观设计公报》视图中所表示的该外观设计为准，保护期 10 年	只保护作品思想的表现形式。署名权、修改权和保护作品完整权享有永久保护，发表权和著作财产权的保护从作品完成之日起，截至作者死亡后 50 年的年底	以核准注册的商标和核定使用的商品为限。其保护期 10 年，有效期满后可申请商标续展

这里需要指出的是：反不正当竞争法所规范的范围很广，远远不止知识产权保护。但实践中的确存在专利法、商标法、版权法保护不了的客体，为了弥补这一漏洞，反不正当竞争法的附加保护显得十分必要。

7.3　“设计法规”的特征

7.3.1　约束性

设计的成功与否，既有人的因素，有物的因素，也有社会的、经济的、立法的制约，设计师的创作自由是相对的，必然要受到社会的、环境等因素的约束，受到国家、社会所制定的一切法规的约束。例如，专利法就对获得专利权的新颖性设计有相对强硬的规定，其评判较为严谨和客观，对“新颖性”设计规定如下：应当同申请日以前在国内外出版物上公开发表过或者国内公开使用过的外观设计不相同和不相近似，并不得与他人在先取得的合法权利相冲突。

可见知识产权法规对新颖性设计的规定，是建立在客观事实基础之上的，而并非想当然，仅仅凭人的主观意识加以判断。这正是规范设计、加强设计法治所必须的，也是设计者与企业必须了解的。

就拿上述规定来看，特别是企业，至少应该注意这样一种情况：即使已经设计开发出符合新颖性要求的产品，但如果没有先申请专利就去展示、销售，就会丧失获得外观设计保护的机会。原因很简单，因为设计内容在专利申请日之前已经公开，丧失了新颖性。

7.3.2　规范性

设计法规对设计活动有很好的规范作用，且有一系列法定程序，但它也从属于主体法规。在设计表达、设计资格、设计成果归属、设计质量的规范等多个方面都需遵循法规。

(1) 设计内容的规范

例如，《商标法》明确规定缺乏显著特征的标志，不得作为商标注册；带有民族歧视性的，夸大宣传并带有欺骗性的，有害于社会主义道德风尚或者有其他不良影响的标志，不得作为商标使用。

(2) 设计资格的规范

例如，《广告法》规定："广告主委托设计、制作、发布广告，应当委托具有合法经营资格的广告经营者、广告发布者"。

《建筑法》规定："从事建筑活动的建筑施工企业、勘察单位、设计单位和工程监理单位，应当具有符合国家规定的注册资本，有与其从事的建筑活动相适应的具有法定执业资格的专业技术人员，有从事相关建筑活动所应有的技术装备；并且按照其拥有的注册资本、专业技术人员、技术装备和已完成的建筑工程业绩等资质条件，划分为不同的资质等级，经资质审查合格，取得相应等级的资质证书后，方可在其资质等级许可的范围内从事建筑活动"。

(3) 设计成果归属的规范

例如，《专利法》规定："执行本单位的任务或者主要是利用本单位的物质技术条件所完成的发明创造为职务发明创造。职务发明创造申请专利的权利属于该单位；申请被批准后，该单位为专利权人。非职务发明创造，申请专利的权利属于发明人或者设计人；申请被批准后，该发明人或者设计人为专利权人"。

(4) 设计质量的规范

例如，《建筑法》规定："建筑工程的勘察、设计单位必须对其勘察、设计的质量负责。勘察、设计文件应当符合有关法律、行政法规的规定和建筑工程质量、安全标准、建筑工程勘察、设计技术规范以及合同的约定。设计文件选用的建筑材料、建筑构配件和设备，应当注明其规格、型号、性能等技术指标，其质量要求必须符合国家规定的标准"。

"任何单位和个人修改注册建筑师的设计图纸，应当征得该注册建筑师同意"。

"建筑施工企业必须按照工程设计图纸和施工技术标准施工，不得偷工减料。工程设计的修改由原设计单位负责，建筑施工企业不得擅自修改工程设计"。

7.3.3 促进性

设计法规对设计具有约束性，但同时也要看到设计法规对设计的促进作用，这是设计法规的重要特性。

这一点从中国各法规的立法宗旨就可以看出。

——《专利法》是"为了保护发明创造专利权，鼓励发明创造，有利于发明创造的推广应用，促进科学技术进步和创新，适应社会主义现代化建设的需要"。

——《著作权法》是"为了保护文学、艺术和科学作品作者的著作权，以及与著作权有关的权益，鼓励有益于社会主义精神文明、物质文明建设的作品的创作和传播，促进社会主义文化和科学事业的发展与繁荣"。

——《商标法》是"为了加强商标管理，保护商标专用权，促使生产、经营者保证商品和服务质量，维护商标信誉，以保障消费者和生产、经营者的利益，促进社会主义市场经济的发展"。

——《传统工艺美术保护条例》是"为了保护传统工艺美术，促进传统工艺美术事业的繁荣与发展"。

——《广告法》是“为了规范广告活动，促进广告业的健康发展，保护消费者的合法权益，维护社会经济秩序，发挥广告在社会主义市场经济中的积极作用”。

——《建筑法》是“为了加强对建筑活动的监督管理，维护建筑市场秩序，保证建筑工程的质量和安全，促进建筑业健康发展”。

7.3.4 协调性

平面设计、产品设计、环境艺术设计等之间是相互联系和渗透的。各设计法规之间的关系同样如此，你中有我，我中有你，共同形成一个完整的设计法规体系，这就体现了设计法规的协调性。例如，《商标法》规定“申请注册的商标，应当有显著特征，便于识别，并不得与他人在先取得的合法权利（包括著作权、专利权等）相冲突”。

《传统工艺美术保护条例》规定：“制作传统工艺美术产品的企业应当建立、健全传统工艺美术技艺的保护或者保密制度，从事传统工艺美术产品制作的人员，不得泄露在制作传统工艺美术产品过程中知悉的技术秘密和其他商业秘密”。

上述条文规定无不体现出设计法规的协调性，这既符合设计活动的整体性特点，又能够全面带动设计行业的发展。

7.3.5 保护性

设计法规对设计权利和知识产权进行保护；另一方面，又同时对违规或侵权行为进行处罚。

例如，《著作权法》规定：“美术作品、建筑作品、摄影作品、电影作品，以及工程设计图、产品设计图等图形作品和模型作品等”均可以受到著作权的保护；同时又规定“有剽窃他人作品等侵权行为的，应当根据情况，承担停止侵害、消除影响、赔礼道歉、赔偿损失等民事责任”。

《建筑法》第七十三条规定：“建筑设计单位不按照建筑工程质量、安全标准进行设计的，责令改正，处以罚款；造成工程质量事故的，责令停业整顿，降低资质等级或者吊销资质证书，没收违法所得，并处罚款；造成损失的，承担赔偿责任；构成犯罪的，依法追究刑事责任”。

7.3.6 发展性

法律法规并非僵化不变的，而是随着社会、科技、经济、文化的发展而不断发展完善的，设计法规同样如此。

以《商标法》为例，《商标法》最近一次的修订，就顺应了目前国际商标的一个发展潮流——三维商标（或立体商标）设计的流行趋势，而将其作为保护对象。

练习思考题

1. 多选题

(1) 对于产品包装设计，有效的保护途径有（　　）

A. 外观设计专利保护　　B. 商标保护

C. 版权保护　　D. 商业秘密保护

(2) 对于产品工艺与制造方法，有效的保护途径有（　　　）

A. 发明专利保护　　　　　B. 实用新型保护

C. 外观设计专利保护　　　D. 商业秘密保护

(3) 在现有法规中，与商业秘密保护相关的主要是（　　　）

A. 专利法　　　　　　　　B. 商标法

C. 合同法　　　　　　　　D. 反不正当竞争法

2. 判断题

(1) 中国专利法所称的外观设计，是指对产品的形状、图案、色彩或者其结合所作出的富有美感并适于工业应用的新设计。

(2) 外观设计专利的保护范围以表示在申请文件的图片或照片中的外形设计为准。

(3) 版权不保护设计作品的构思，只保护作品的表现形式。

(4) 设计作品著作权的产生无需履行任何手续，只要作品创作完成即自动获得著作权。

(5) 专利保护的范围以权利要求书的内容为准。

3. 论述题

(1) 试论述协同创新背景下，设计法规建构的重要意义？

(2) 设计法规具有哪些典型的特征？

8

第 8 章　现代设计与知识产权战略

8.1　知识产权概述

8.1.1　知识产权的概念

知识产权，从广义上讲叫“无形产权”，即是《建立世界知识产权组织公约》中所划的范围。从狭义上讲，则包括工业产权和版权两部分，根据我国有关知识产权法律规定，我国的知识产权类型主要包括著作权、商标权和专利权等。

知识产权的对象是“知识”，知识产权的性质包括：①无形；②专有性；③地域性；④时间性；⑤可复制性。

根据《保护工业产权巴黎公约》和《保护文学艺术作品伯尔尼公约》的定义，知识产权分为两个部分，一部分是版权，另外一个部分是工业产权。所谓版权就是著作权，在我们中国的法律当中，两个词同时使用，叫版权也叫著作权。

知识产权的另一个定义就是世界贸易组织知识产权协定所做的定义。即知识产权是一种无形产权，它是指智力创造性劳动取得的成果，并且是由智力劳动者对其成果依法享有的一种权利。

根据 1967 年 7 月 14 日在斯德哥尔摩签订的《建立世界知识产权组织公约》第 2 条第 8 款的规定，知识产权包括以下一些权利：对文学、艺术和科学作品享有的权利；对演出、录音、录像和广播享有的权利；对人类一切活动领域的发明享有的权利；对科学发现享有的权利；对工业品外观设计享有的权利；对商标、服务标记、商品名称和标志享有的权利；对制止不正当竞争享有的权利；以及在工业、科学、文学或艺术领域里一切智力活动创造的成果享有的权利。

传统的知识产权是专利权、商标权和版权的总和，由于当代科学技术的迅速发展，不断创造出高新技术的智力成果又给知识产权带来了一系列新的保护客体，因此使传统的知识产权内容也在不断扩展。

总之，知识产权是无形资产的重要组成部分（无形资产包括：知识产权、专业技术、土地使用权），分为文化产权和工业产权。文化产权包括版权（著作权）等；工业产权包括商标权（商标专用权、使用许可权），专利权（发明，实用新型，外观设计专利）；还有店牌商号权，服务标志，原产址名称、商誉、经营特许权等。知识产权就是人类对在科学、文化和艺术等领域内所创造的智力成果，享有的专有权利。

8.1.2　知识产权的产生与发展

知识产权制度发源于欧洲，专利法最先问世，英国 1623 年的《垄断法规》是近代专利保护制度的起点。继英国之后，美国于 1790 年、法国于 1791 年、荷兰于 1817 年、德国于 1877 年、日本于 1885 年先后颁布了本国的专利法。最早的商标成文法是法国 1809 年的《备案商标保护法令》。1875 年，法国又颁布了确立全面注册商标护制度的商标权法。以后英国于 1862 年、美国于 1870 年、德国于 1874 年先后颁布了注册商标法。世界上第一部版权法当推英国于 1710 年颁布的《保护已印刷成册之图书法》被称为《安娜女王法》。法国在 18 世纪末颁布了《表演权法》和《作者权法》，使与出版印刷更为密切相联的的专有权逐步成为对作者专有权的保护。以后的大陆法系国家，也都沿用法国作者权法的概念和思路。日本在 1875 年和 1887 年先后颁布了两个《版权条例》，于 1898 年颁布过《版权法》。1899 年日本参加了《保护文学艺术作品伯尔尼公约》，当年在过去版权立法的基础上颁布了《著作权法》。反不正当竞争的概念来源于 19 世纪 50 年代的法国，而世界上第一部反不正当竞争法一种说法为 1890 年美国的《谢尔曼法》，另一种说法为 1896 年德国制定的《不正当竞争防止法》。但美国是最早产生现代意义上竞争法的国家。英国现代竞争立法相对较晚，但以案例法著称的英国反不正当竞争的规范可以追溯到 15 世纪，较全面地反不正当竞争法则完成于 20 世纪的中叶，较有代表性的法律有《限制性贸易管理法》《转售价格法》《公平交易法》等 。1905 年，德国对《不正当竞争防止法》重新进行了制定和多次修改，使德国的反不正当竞争法体系更加完善，为德国的经济高速发展起到重要作用。日本步德国的后尘，又在“二战”后受美国的影响，其反不正当竞争立法主要有 1933 年的《反不正当竞争防止法》，该法以后经过多次修改，1993 年作了较全面的修改。在此法中具体界定了 12 种不正当竞争行为，加强了对不正当竞争行为的处罚力度，除高额罚款外，还有刑事制裁。

知识产权国际公约、条约的制定对各国知识产权制度的建立和完善起到重要推动作用，同时这些国际公约本身又是知识产权法律制度的重要组成部分，也使知识产权制度逐步在世界范围设立和扩展开来。几部主要的知识产权国际公约的订立及其不断修改、发展史代表了国际知识产权制度的发展和历史。当今世界，对知识产权国际公约的重视程度几乎已经超过了对知识产权内国法的重视，如果内国法不适合国际公约对知识产权的最低保护标准，还要不断修改内国法。几个主要的知识产权国际公约特别是世界贸易组织的《与贸易有关的知识产权协议》，几乎把全球的国家和特殊经济区动员起来，知识产权法律制度越来越趋于国际化了。因此，把握知识产权国际公约就如同掌握了知识产权制度的标准和发展的趋向。真正界定知识产权保护范围并称得上完整意义上的知识产权国际条约的，当属《建立世界知识产权组织公约》和《与贸易有关的知识产权协议》。它们覆盖了工业产权和版权等广泛的知识产权范围。除此之外，一个世纪以来，在工业产权领域共有 15 个国际公约，主要有《保护工业产权巴黎公约》《商标国际注册马德里协定》《专利合作条约》等。在版权领域共有 10 个公约，主要有《保护文学艺术作品伯尔尼公约》《世界版权公约》《保护表演者、录音制品著作者与广播组织公约》等。此外还有《科学发现的国际登记条约》《保护奥林匹克会徽条约》和《集成电路知识产权条约》。在知识产权的国际保护领域，还有一些地区性公约起着独特的作用，如《专利申请形式要求欧洲公约》《欧洲专利权授予公约》等。在美国等世界发达国家的推动下，知识产权国际公约不断发展变化，保护范围越来越广，保护水平越来越高，保护标准及违反公约的争端处理机制越来越具体、有效。我国的知识产权法律和执法机制以及知识产权事业正是在我国改革开放、不断融入经济全球化的过程中发展壮大起来的，是在逐步承诺履行知识产权国际公约的过程中成熟和完善起来的。甚至回溯到晚清时期的知识产权制度，也不无国际商贸和保护“夷人权利”的烙印。

关于我国的知识产权制度产生和发展，应当说，我国现代化的知识产权法律制度是在改革开放之后的三十多年间建立起来的，这是包括国际知识产权界在内的有目共睹的事实。但说到我国知识产权制度的历史沿革、研究我国知识产权制度的源，不能不追溯到我国近现代史的百年左右的史册。知史可鉴今，今天我国进入世贸组织的知识产权的设立，或许可以从我国晚清知识产权保护是从对洋人商标权保护起始中找到一丝丝的轨迹。

反观中国专利发展史，早在西周厉王时代就有“谋欲专利之事”，《国语》有“匹夫专利，尤谓之盗，王而行之，其归鲜矣”的记载。1859 年太平天国时期的领导者提出了专利制度的建议，甚至提出发明专利与小发明之分，保护期不同，“器小者赏五年，大者赏十年，益民多者年数加多”。但我国专利保护落实于专利法规之涵义却仅是百年左右的历史而已。我国第一部专利法的雏形应为清“戊戌变法”中光绪皇帝颁布的《振兴工艺给奖章程》，后被废除，“惟专利制度仍在各省扎根”。民国第一部专利法的雏形为 1911 年 12 月 12 日由工商部颁布的《奖励工艺品暂行章程》，该章程已揭示了“先申请原则”“权利转让”“法律责任”等重要理念。1932 年颁布的《奖励工业技术暂行条例》以及其实施细则、《奖励工业技术审查委员会规则》等构成了比较完整的体系。

在北宋时期，山东济南“刘家功夫针铺”就使用了“白兔儿商标”，商标上除有白兔图形外，还标明“济南刘家功夫针铺，认门前白兔儿为记。收买上等钢条，造功夫细针，不误宅院使用，客转与贩，别有加饶，请记白。”但谈到商标制度则也晚于西方国家，至晚清时，注册商标的保护始至对外国商标的保护，清政府的第一部商标法是英人于 1904 年起草的。而在此时我国台湾却被日本占领，实施了 50 年的日本商标法。1923 年北洋政府颁布了 44 条的商标法，同年又颁布 37 条的实施细则，这是我国第一部付诸实施的商标法。1925 年国民政府成立后对商标法几经修改，除 1930 年重新颁布商标法外，并无大的改进，直至蒋介石集团迁往台湾。以后为因应台湾岛内工商业的发展，后来又为“入世”，在有关商标专用权、注册、争议、侵权刑事责任与罚则等方面多有改动。

我国古代存在对作者、编者和出版者进行保护的萌芽。1910 年清政府颁布了我国第一部著作权法《大清著作权律》，虽然清政府第二年即宣告倒台，但该部法律的主要内容则影响了 1915 年北洋政府颁布的《著作权法》，1928 年国民政府颁布的《著作权法》及其以后的几次对该法的修改。

1949 年中华人民共和国成立后，由于长期实行高度集中的计划经济体制，而此种体制又排斥私权和知识产权，尽管先后颁布过《保障发明与专利权暂行条例》等五个发明奖励条例，但发明的所有权还在国家，全国各个单位都可以无偿利用。许多人不了解知识产权的意义和作用，更有人认为知识产权制度与社会主义公有制格格不入。这类矛盾到了 70 年代已变得十分尖锐。直到 70 年代末我国才开始真正融入知识产权保护的国际潮流，随着 80 年代的我国几部知识产权法的颁布实施，我国知识产权制度进入了高速发展时期。我国知识产权事业以未有先例的速度全面发展，形成了比较完整的知识产权法律保护体系，在立法、司法、实施和行政管理的理论和实践方面，在与国际知识产权界的合作交流方面，在知识产权教学与培训方面，都取得了令世界瞩目的业绩，为促进我国改革开放和发展社会主义市场经济做出了巨大贡献。

我国台湾科技、经济发展较快，知识产权制度也一再修订以适应国际化的需要，他们在知识产权理论上的进展决不能忽视，应当成为研究中国知识产权制度的一支，值得重视和借鉴。对我国知识产权历史的简要回顾，可以使我们明白，我国知识产权制度的百年历史及更久远的中华法律文化中蕴藏着数不尽成功经验和失败教训，可供我们为鉴。然而，我国引为骄傲的现代化知识产权制度确实是在改革开放后这几十年间逐步建立和发展起来的。它是引导我国融入科技经贸全球化大潮、加入世界贸易组织的最为重要的桥梁与纽带之一。

8.1.3　知识产权的国际化

改革开放以来，我国在坚持遵循知识产权国际保护规则的同时，按照国情确定相应的知识产权制度，取得的成绩是举世瞩目的。我国不仅建立健全了符合国际通行规则、门类较为齐全的法律法规体系、知识产权工作体系和执法机制，而且注意与已加入的国际条约相衔接，积极履行国际义务。从 20 世纪 80 年代到 21 世纪，我国的知识产权制度仅仅用了 20 年的时间，就实现了从低水平向高水平的发展，实现了从本土化向国际化的转变，在解决保护标准问题上，走完了发达国家一两百年才走完的道路，这一成就不可谓不惊人。

但是，由于我国知识产权制度建立的时间较短，我国无论是知识产权制度本身还是运用知识产权制度的能力都存在问题。尤其是对于企业而言，在知识产权战略制定、实施与控制方面，我国企业与发达国家企业相比仍然存在很大差距，以至于我国企业在国际经济竞争中面临着十分严峻的考验。因此，应根据我国国情和企业实际发展情况，制定完备的企业知识产权战略，应对知识经济社会的挑战和激烈的国际竞争。

在国际产业链中，我国企业的状况曾一度是：技术上没有自主权，标准上没有制定权，价格上没有控制权，分配上没有话语权，附加值上没有收获权。只能奉行低价格竞争策略，最终将危害转嫁于工人和环境。因为低价所以就只能牺牲劳工，就只能牺牲环境。中国人买世界上最贵的，卖的却是世界上最便宜的，这正是我国企业没有竞争力的表现。而正是这种有“制造”，无“创造”，有“产权”无“知识”，有“价格”无“价值”的状态，让我国企业在世界知识产权竞争中遭遇了挫折。所以，我们一定要转变低价竞争策略，以高端竞争策略取而代之，大力发展企业核心竞争力，构建全面的企业知识产权战略体系。

总之，知识产权是一种经济性的权利，获得不是目的，保护也不是目的，将它转化为生产力，转化为企业的竞争力才是最根本的目的。而在当前这个知识经济社会，对于企业而言，其核心的竞争力其实就是知识产权，而所谓的知识产权战略不过是增强、提升企业核心竞争力的重要手段而已，知识产权战略实际上就是讲如何把这个“权”变成那个“力”的方法。

多年来保护民族品牌的呼声一直没有停过。而社会上一旦什么东西挂上“民族”二字总是会引起民众很大的反应。比如可口可乐高价收购汇源果汁，对汇源果汁公司来说其实是很合算的交易，结果却被有关机构以“保护民族品牌”的名义否决了。其实品牌是不分民族的，而且所有的国内品牌都应该是面向世界、走向国际的，应该是国际化的。“民族品牌”的观念过于狭隘，会限制企业的国际化发展。虽然民族情绪有可能影响一部分人的购买偏好，但大多数人的选择还是由产品质量决定的。企业发展到一定规模，企业家就应该追求民族品牌的国际化，如果民族品牌能被国际市场所接受成为国际品牌，正是我国企业具有国际竞争力的表现。

庞大的人口或许决定了中国不一定要放弃“中国制造”的角色，中国的低端产业逐渐转移到了中西部，但中国还必须同时向占有大部分利润的高端产业或高端环节进军，发展知识密集型产业。中国需要成为世界知识经济大国和全球主要智力玩家，需要吸聚世界顶尖而不仅是中国顶尖人才。日本证明了全球化时代的强国之路：没有能源、土地、交通条件，却可以依赖人才资源，揽全世界的土地、资源、市场为己所有，进而成为世界经济强国。美国则证明了全球化时代领袖的世界之路：不仅要培养以及挽留本国的顶尖人才，还要获集全世界大多数的顶尖人才，才能成为真正的超级大国。中国必须打一场全球的人才战争，才能真正恢复汉唐荣光，成为世界强国，完成中华民族的全面复兴与崛起。

8.2 设计知识产权概述

8.2.1 设计与知识产权的关系

设计在知识经济和科技创新中发挥着越来越重要的作用。现代设计本质上就是一种知识创造性活动，其设计成果往往以知识产权的形式表现出来，并且渗透到科技、文化等广泛的领域。现代设计与知识产权具有内在的一致性和紧密的关系。设计知识产权的本质就是对其保护和创新。因为从本质上看，设计的目的就是通过一系列的创新活动，将企业中的资源转化为有用的产品或服务形式。换言之，就是通过设计创造新的价值。世界已进入产权时代，也是设计的时代。例如，早在 20 世纪 50 年代，日本政府就意识到设计对于提高企业竞争力，发展国家经济的战略作用。据不完全统计，仅 1 亿人口的日本，战后就培养了近 20 万人的设计人才。由于对设计的高度重视，使战后的日本在短短 20 年内经济就得到迅速恢复，而一跃成为当今的经济强国。再如荷兰的飞利浦公司、法国的布朗公司、德国的西门子公司、日本的索尼公司等都拥有很庞大的设计队伍。意大利的奥立佛帝公司虽没有自己的设计公司，但每年都雇用世界上最优秀的设计师为其设计产品。这些公司之所以如此重视设计，其根本是他们真的感受到设计在市场竞争中的作用，体验到了设计给他们带来的经济利益。据英国的设计委员会提供的资料显示，目前英国有 84% 的企业在经营活动中雇用设计师；有 150 万人从事设计工作。

1999 年，美国通过输出知识产权所产生的出口总额已经超过飞机、通讯、电子等传统贸易额。而在美国商标局的一份报告中称，在 IBM 达 80 多亿美元的利润中，通过专利转让赢得的利润就有 17 亿美元，占 20% 以上。同样是 IBM，花几百万美元买断了法国一个科学家小组关于纳米材料的一个专利，通过生产和再次许可所形成的销售额就达 10 亿美元。

设计在企业竞争中的作用也正受到国内一些高技术企业的重视；由于具备相应的创新能力和知识产权意识，这些企业已经在某些领域获得丰厚回报。

8.2.2 设计知识产权的本质及特征

现代设计本质上是一种知识创造性活动，其设计成果往往以知识产权的形式表现出来，因此，设计知识产权的本质就是对其保护和创新。

1. 设计知识产权的具体表现。设计知识产权是一种无形财产权，其具体表现为：

(1) 不发生有形控制的占有。由于智力成果不具有物质形态，不占有一定的空间，人们对它的占有不是一种实在而具体的占据，而是表现为对某种知识、经验的认识与感受。

(2) 不发生有形损耗的使用。智力成果的公开性是知识产权产生的前提条件。由于智力成果必须向社会公示、公布，人们从中得到有关知识即可使用，而且在一定时空条件下，可以被若干主体共同使用。

(3) 不发生消灭智力成果的事实处分与有形交付的法律处分。智力成果不可能由实物形态消费而导致其本身消灭之情形，它的存在仅会因法定保护期届满产生专有财产与社会公共财富的区别。同时，有形交付与法律处分并无联系。

2. 客体的非物质性是设计知识产权的本质特征。设计知识产权的第一个也是最重要的特点就是“无形”，从“无形”这一首要特点出发或与它相关，产生出知识产权的其他几个特点，包括专有性、地域性、时间性和可复制性。设计知识产权基本特征的描述，在于进一步说明知识产权自身的法律品格，以区别于传统的财产所有权；客体的非物质性是知识产权的本质特征；其实，这些特征的描述，是与其他财产权特别是所有权相对而言的，并非都是知识产权所独有的。

正如对于知识产权定义的认识观点不一样，对于知识产权的客体也同样有诸如“智力成果”“知识产品”“创造性智力成果和工商业标记”等表述，但不管怎样称谓，知识产权的客体与作为物权客体的物的根本区别即知识产权的本质特征在于其非物质性，这具体表现在人们对其占有、使用、收益、处分的特殊形态上。首先，人们对设计知识产权客体的占有是一种无形的占有。设计知识产品不具有物质形态，不占有一定的空间，人们对它的把握不是通过某个感官来感知，对其占有不是一种实在而具体的占据，而是完全靠思维去认知。当我们实在而具体地占据一本书、一件商标和一项技术时，实际上是实在而具体地占据着知识产权的物化载体而不是知识产权客体本身。其次，人们对知识产权客体的使用不同于对有形物的使用。人们对知识产权客体的使用不发生有形损耗；知识产品也不会因为使用次数的增多、使用时间的延长而价值降低；同一知识产品在同一时间和空间可以为多个主体一并使用；如果无权使用人擅自利用了他人的知识产品，无法适用恢复原状的民事责任形式。再次，人们对知识产权客体使用形态的特殊性，决定了利用其获取收益的过程也与利用有形物获取收益的过程有所不同。有形物的所有人要么自己使用该物实现收益，要么租赁他人使用实现收益，且两种方式不可兼用。而知识产权客体的非物质性决定知识产权主体可将客体“货许三家”。最后，知识产权客体的处分形式特殊。知识产品不可能有实物形态消费而导致其本身消灭的情形，它的存在仅会因法定保护期届满产生专有财产与社会公共财富的区别，即知识产品不发生消灭知识产品的事实处分；知识产品具有“一女二嫁”的可能，不仅真正的知识产权主体可以合法处分自己的知识产品，而且非权利人有可能不通过法律途径去“处分”属于他人而自己并未实际“占有”的知识产品，其根本原因在于知识产品在本性上无须有形交付。知识产品的非物质性，使其在占有、使用、收益、处分形态上具有与有形物明显的不同，而这些不同强化了国家赋予知识产品的创造者以知识产权，并对这种权利实行有别于传统财产权制度的法律保护的必要性。

3. 设计知识产权的特征：知识产权，是指人们基于自己的智力活动创造的成果和经营管理活动中的经验、知识而依法享有的权利。

(1) 知识产权的专有性。知识产权是一种专有性的民事权利，它同所有权一样，具有排他性和绝对性的特点。知识产权的专有性，主要表现在两个方面：第一，知识产权为权利人所独占，权利人垄断这种专有权利并受到严格保护，没有法律规定或未经权利人许可，任何人不得使用权利人的智力成果。第二，对同一项智力成果，不允许有两个或两个以上同一属性的知识产权并存。例如，两个相同的发明物，根据法律程序只能将专利权授予其中的一个；而以后的发明与已有的技术相比，如无突出的实质性特点和显著的进步，也不能取得相应的权利。

(2) 知识产权的地域性。知识产权作为一种专有权在空间上的效力并不是无限的，而是受到地域的限制，即具有严格的领土性，其效力只限于本国境内。知识产权的这一特点有别于有形财产权。一般来说，所有权的保护原则上没有地域性的限制，无论是公民从一国移居另一国的财产，还是法人因投资、贸易从一国转入另一国的财产，都照样归权利人所有，不会发生财产所有权失去法律效力的问题。而无形财产权则不同，按照一国法律获得承认和保护的知识产权，只能在该国发生法律效力。除签有国际公约或双边互惠协定的以外，知识产权没有域外效力，其他国家对这种权利没有保护的义务，任何人均可在自己的国家内自由使用该智力成果，既无须取得权利人的同意，也不必向权利人支付报酬。

(3) 知识产权的时间性。这一特点表明：知识产权仅在法律规定的期限内受到保护，一旦超过法律规定的有效期限，知识产权就自行消灭，相关智力成果即成为整个社会的共同财富，为全人类所共同使用。这一特点是知识产权与有形财产权的主要区别之一。所有权就不受时间限制，只要其客体物没有灭失，其权利即受到法律保护。依消灭时效或取得时效所产生的后果也只涉及财产权利主体的变更，而财产本身作为权利客体并不会发生变化。知识产权在时间上的有限性是世界各国为了促进科学文化发展、鼓励智力成果公开所普遍采用的原则，根据各类知识产权的性质、特征及本国实际情况，各国法律对著作权、专利权、商标权都规定了长短不一的保护期。知识产权时间限制的规定，反映了建立知识产权法律制度的社会需要。建立知识产权的目的在于采取特别的法律手段调整因智力成果创造或使用而产生的社会关系，这一制度既要促进文化知识的广泛传播，又要注重保护智力成果创造者的合法利益，协调知识产权专有性与智力成果社会性之间的矛盾。

8.3 设计知识产权保护的有效途径

设计知识产权保护除根据国家专利法、商标法、著作权法进行立法保护、行政保护和司法保护外，作为企业以及设计者个人主要应从以下两方面进行保护。

8.3.1 企业及设计者个人亟需利用创新设计来使自己得到生存、发展和保护

1. 进行产品使用原理的创新设计：产品使用原理的创新首先应把市场最终目标作为产品研究的出发点，采用逆向思维的方法，从相反的角度思考产品开发，沿着为实现未来而思考现在、为到达终点而把握起点的思路，从产品的功能原理上进行设计。例如，打印机从针式到喷墨再到激光打印机就是从产品使用原理上进行的创新设计。

2. 进行产品使用功能的创新设计：产品使用功能的创新是从市场需求出发，根据市场调查提出新的功能需求。以家电设计为例，伴随消费者心理的日趋成熟，出现了健康化、智能化、节能化的新需求，健康分洗洗衣机的问世，保健电扇的畅销，绿色空调的盛行，多媒体电脑电视等家电产品的出现都是智能化需求的物化。

3. 进行产品使用方式的创新设计：产品使用方式的创新主要从人体工程学的角度出发，通过对操作界面、产品结构、形式等的整合改善以提高产品的使用舒适度、宜人度、操作准确度、安全度等，从而提供新的使用方式以提高产品的使用效率、节约制造成本，使产品更符合环保的要求等。如滚筒洗衣机的开口设计从原先洗衣机身的中部移到了上部，这样使人们装入衣物时不用再弯腰，操作更简便。

4. 进行产品外观造型和表面装饰的创新设计：产品外观造型和表面装饰的创新应从艺术主导中解脱出来，不再停留在机械地依据审美观念的阶段上，而更应当从真正关怀消费者的需求、产品使用的安全角度等出发，综合审美进行设计。因此，在设计之初必须对目标消费群进行细分，针对不同目标人群的个性、心理和生理需求进行设计。如在冰箱中，荣事达的大理石花纹全能冰箱系列、科龙的梦彩冰箱、新飞的七彩虹系列等；洗衣机中，荣事达的米色系列、小天鹅的七重色彩等；高路华彩电卧宝系列彩色外壳、康佳的七彩小画仙等都是有针对性推出的。

8.3.2　企业和设计师个人都要有强烈的法律意识与维权意识，善于保护自有的知识产权，要像保护自己的有形财产一样去保护无形的知识产权

虽然我国众多的高校拥有设计专业，可是遗憾的是，在专业教学之外增设知识产权教育的却为数不多。因此，我们的设计师要增强法律意识与维权意识。对客户委托方的承诺要明确，保留好相关证据，最好要与委托方签订书面合同，考虑先行收取定金，对作品涉及知识产权的权属作出约定。在设计的不同阶段，可要求委托方在工作底稿上签字确认。

此外，设计作品使用方也需要有知识产权意识，征集和使用设计作品首先要对设计师的合法权益有所了解。现在是许多企业在知识产权保护方面意识淡薄，重视不够。因此，保护知识产权，企业是十分重要的一个方面，企业必须把提高产品创新和保护知识产权作为提升企业竞争力的法宝。目前，我国已有众多企业运用这两大法宝提升本企业的市场竞争力，并已取得了显著成效。

尽管我国在产品创新和自主知识产权等许多方面还落后于西方发达国家，但只要观念跟得上，积极努力地改进，我们不会永远处于被动受制的地位。中国不会永远成为“世界工厂”！

练习思考题

1. 设计与知识产权的关系，设计知识产权的本质。
2. 设计知识产权保护的有效途径。

9

第 9 章　设计作品专利权

9.1　设计专利概述

9.1.1　专利的定义

专利，源自于英国中世纪官网使用的“letter patent”。现代意义上的“专利”具有多种含义：一是指专利权，即专利为专利权的简称，是指发明创造人像专利主管机关提出专利申请，并经审查合格后，专利主管机关依法授予发明创造人在规定的时间内享有对其发明创造的独占实施权；二是指依法获得专利法保护的发明创造本身，通常被称为“专利技术”；三是指记载专利技术的公开的专利文献的总和，具体包括记载发明创造内容的专利文献，如专利说明书及其摘要、权利要求书、外观设计的图形或照片等。

9.1.2　专利权的特性

专利权是知识产权法律中一项重要的内容，它除具备其他知识产权共有的特征外，还具有以下法律特征：

1. 独占性

专利权的独占性是指除专利权人外，其他人均为义务人。相同内容的发明创造只能授予一次专利，即使两个以上的人在同一时期或不同时期完成了相同的发明创造，专利权只能授予最先申请的人。

2. 公开性

申请人要想取得专利，必须运用专利申请文件公开表明自己的发明创造，其公开的范围和程度只有达到了专利法规定的程度，专利权人才可能获得专利权。

3. 法定授权性

专利权的取得必须经过专利权人依法向专利管理机关提出申请，经专利管理部门的审查、公告、批准、授权等一系列法定程序而产生。

4. 局限性

专利权作为一种法律授予的专有权利，其效力具有一定的局限性。首先，专利权具有地域限制。在一国批准的专利权只能在这个国家有效，在其他国家不能受到保护，要在其他国家享有专利权，必须依照该国专利法申请并获准该国的专利权。其次，专利权具有时间限制。专利权作为一种无形财产权，它的保护有一定的时间限制，超过这一期限，专利权终止，相应的专利技术进入公有领域，人人都可以无偿使用。中国《专利法》规定，发明专利权保护期限为 20 年，实用新型和外观设计专利权保护期限为 10 年，均自专利申请日起计算。

9.1.3　专利权的分类

依据中国《专利法》的规定，中国《专利法》的保护对象有三种类型，即发明、实用新型和外观设计。

1. 发明

中国《专利法》第 2 条第 2 款规定：“发明，是指对产品、方法或者其改进所提出的新的技术方案。”这里的“技术方案”不仅应提出需要解决的问题，而且提出了解决该问题的完整的、具体的而且能够实现的方案。授予专利权的发明，应当具备新颖性、创造性和实用性的特征。

(51) Int. Cl. *A01B 33/02* (2006.01)
(10) 申请公布号 CN 105557085 A
(21) 申请号 201410537345.0
(22) 申请日 2014.10.13　(43) 申请公布日 2016.05.11
(71) 申请人 哈尔滨派腾农业科技有限公司
地址 150090 黑龙江省哈尔滨市香坊区公滨路572号7单元3楼1号
(72) 发明人 马廷彦
(54) 发明名称 一种农耕机械设备
(57) 摘要 本发明公开了一种农耕机械设备，所述的机架通过第二铰接轴与横梁连接，横梁的一端通过第一铰接轴和第一平整轮轴连接，所述的横梁上固定焊接粉碎轮轴，所述的第一平整轮轴的下端安装第一平整轮，所述的第二平整轮轴安装在横梁的一端，第二平整轮安装在第二平整轮轴的下端，所述的机架的左侧设置安装板。本发明的有益效果是：本发明提出的一种农耕机械设备，其设计科学合理，结构组成简单，使用方便，具有非常广阔的应用前景。

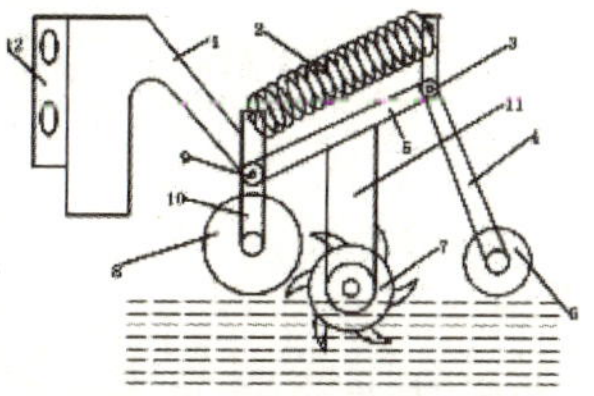

(51) Int. Cl. *F41A 17/74* (2006.01)
(10) 申请公布号 CN 105571387 A
(21) 申请号 201610111886.6
(22) 申请日 2016.02.29　(43) 申请公布日 2016.05.11
(71) 申请人 重庆建设工业（集团）有限责任公司
地址 400054 重庆市巴南区花溪工业园区建设大道1号
(72) 发明人 周云飞 徐伏波 李良刚 王明君 郭新朋 周飞 赵渝江
(74) 专利代理机构 北京东方盛凡知识产权代理事务所（普通合伙）11562
代理人 宋平
(54) 发明名称 一种基于击锤式发射手枪的手动保险装置
(57) 摘要 本发明公开了一种基于击锤式发射手枪的手动保险装置，包括手动保险、阻铁、击锤、击锤簧、击锤簧杆、击锤簧座、发射机座、阻铁簧；所述发射机座固定安装在手枪的握把上，手动保险安装在发射机座上并可以旋转，发射机座上固定安装第一轴和第二轴，所述第一轴上套装可转动的阻铁和阻铁簧，第二轴上套装击锤、击锤簧座；击锤内设置击锤簧杆，击锤簧杆上套装击锤簧，击锤簧座的后端与击锤簧杆抵触，击锤簧座的前端与手动保险配合；所述阻铁既与手动保险配合同时也与击锤配合。只需转动手动保险控制阻铁和击锤，实现保险功能和单动待击发状态安全解脱击锤，使手枪的安全性得到进一步提升。

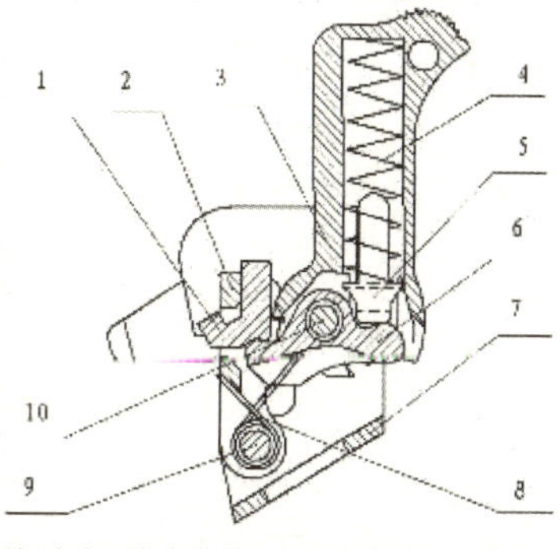

图 9-1　资料来源于中华人民共和国国家知识产权局官网→专利公告→发明专利公报（2016.05.11）

2. 实用新型

中国《专利法》规定：“实用新型，是指对产品、构造或者其结合所提出的适于实用的新的技术方案。”授予专利权的实用新型，必须是一种具有形状或者构造的产品，必须具有应用性技术特征和必须具有一定的创新性。

(51) Int. Cl. *A01B 49/06* (2006.01)
(10) 申请公布号 CN 105580519 A
(21) 申请号 201410571368.3
(22) 申请日 2014.10.24 (43) 申请公布日 2016.05.18
(71) 申请人 烟台力凯电子科技有限公司
地址 265500 山东省烟台市福山区振华街859号
(72) 发明人 吕春哲
(54) 发明名称 一种防杂草的手扶播种机
(57) 摘要 本发明涉及一种用于农业行间播种的技术领域，尤其是一种用于行间播种的防杂草手扶播种机。包括机架，地轮轴，地轮，种箱，开沟器，窝轮，连接架及除杂草装置，拉杆通过连接架与机架连接，机架上层安装有种箱，机架下层安装地轮轴，窝轮和地轮均安装在地轮轴上，开沟器安装在机架上；其特征是：防杂草装置主要包括护罩和割草刀。护罩固定在机架上，割草刀固定在护罩上；本发明的设计有效的防止杂草钩挂在播种机上，并且可以对钩挂在播种机上的杂草进行清除，减少了播种机在播种过程中出现故障的频率，提高了播种机的工作效率。

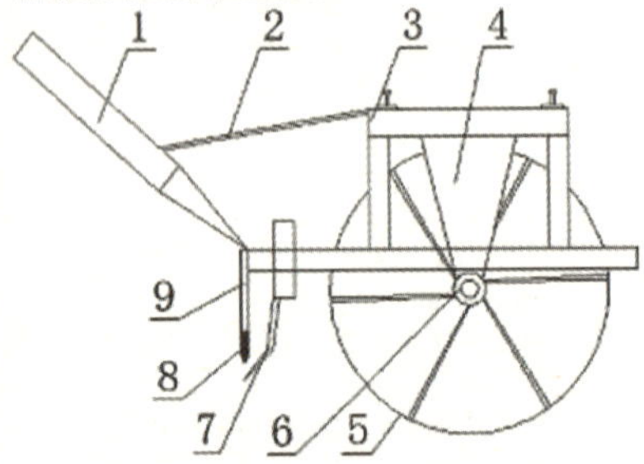

(51) Int. Cl. *A01B 33/10* (2006.01)
A01B 33/12 (2006.01)
(10) 授权公告号 CN 205232696 U
(21) 申请号 201520800668.4 专利号 ZL 201520800668.4
(22) 申请日 2015.10.13
(45) 授权公告日 2016.05.18
(73) 专利权人 太仓众信机械制造有限公司
地址 215400 江苏省苏州市太仓市沙溪镇新北西路62号
(72) 发明人 李国青
(74) 专利代理机构 北京瑞恩知识产权代理事务所(普通合伙) 11341
代理人 张建生
(54) 实用新型名称 一种旋耕机
(57) 摘要 本实用新型公开了一种旋耕机，包括：旋耕机机架，在所述的旋耕机机架中间为拖拉机连接主轴，拖拉机连接主轴通过齿轮箱与传动主轴连接，传动主轴外层包盖着钢皮，传动主轴内通过传动链条与旋耕机主刀轴连接，在所述的主刀轴上设置了旋耕弯刀，旋耕弯刀是旋耕机的工作部件，通过旋耕弯刀，旋耕机完成碎土功能，本实用新型的有益效果是：能够实现水田旱田两用，同时体积小，重量轻，性能好，操作容易。

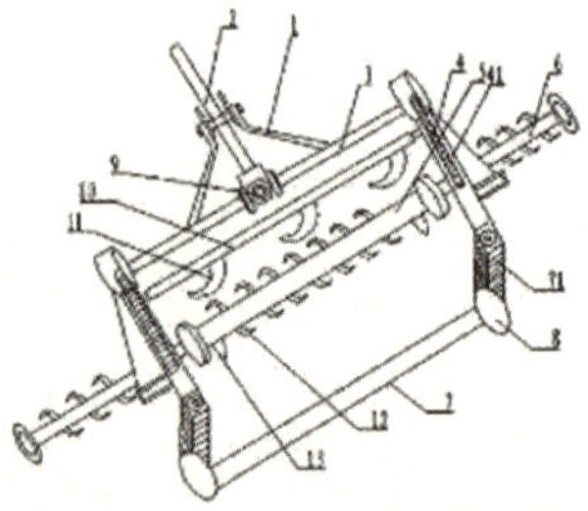

(ESM) 同样的发明创造已同日申请发明专利

图 9-2 资料来源于中华人民共和国国家知识产权局官网→专利公告→实用新型专利公报（2016.05.18）

3. 外观设计

外观设计是指对产品的形状、图案或者其结合以及色彩与形状、图案的结合所作出的富有美感并适于工业应用的新设计。授予专利权的外观设计，必须是对产品的外表所作的设计，是产品的形状、图案或者其结合以及色彩与形状、图案的结合，是适于工业应用的新设计，必须富有美感。

(51) LOC(10) Cl. 07-02
(10) 授权公告号 CN 303659808 S
(21) 申请号 201530507913.8 专利号 ZL 201530507913.8
(22) 申请日 2015.12.02
(45) 授权公告日 2016.05.04
(73) 专利权人 宁波锦宇电器有限公司
地址 315400 浙江省宁波市余姚市经济开发区南区锦凤路88号
(72) 设计人 施军达
(54) 使用外观设计的产品名称 慢炖锅(1365)

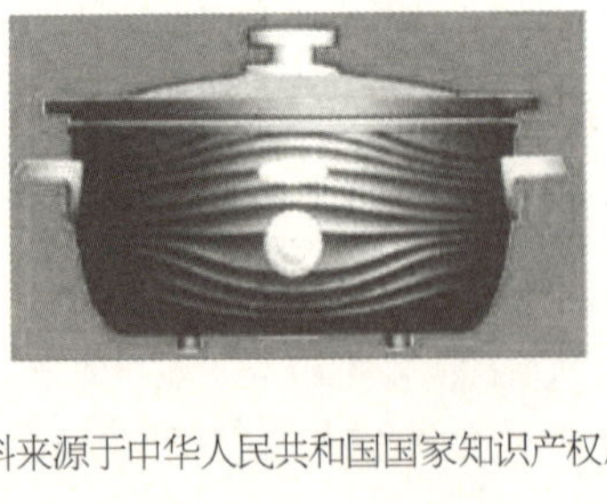

(51) LOC(10) Cl. 09-03
(10) 授权公告号 CN 303660317 S
(21) 申请号 201530372289.5 专利号 ZL 201530372289.5
(22) 申请日 2015.09.24
(45) 授权公告日 2016.05.04
(73) 专利权人 重庆华生园食品股份有限公司
地址 400038 重庆市大渡口区凤祥路123号
(72) 设计人 刘崇华
(54) 使用外观设计的产品名称 包装盒（黑米粥）

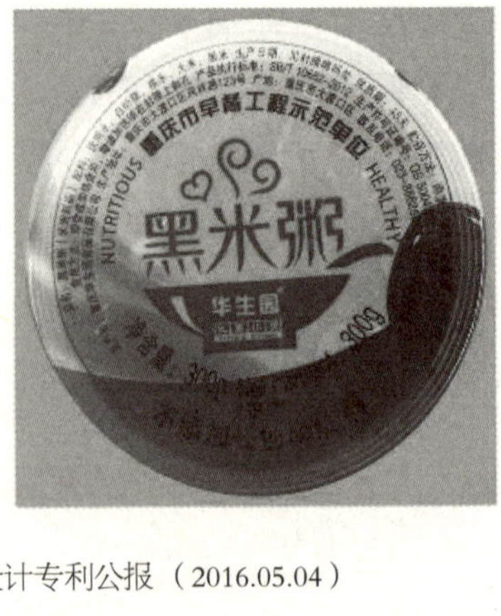

图 9-3 资料来源于中华人民共和国国家知识产权局官网→专利公告→外观设计专利公报（2016.05.04）

9.2　外观设计专利

9.2.1　外观设计概述

外观设计，又叫工业品外观设计。所谓外观设计，是指对产品的形状、图案或者其结合以及色彩与形状、图案的结合所作出的富有美感并适于工业上应用的新设计。

外观设计作为专利权的具有以下特点：

1. 外观设计必须是对产品的外表所作的设计

外观设计必须以产品的外表为依托，构成产品和设计的组合。其中产品是指任何用工业方法生产出来的具有一定形状的物品，不能重复生产的手工艺品、农产品、畜产品、自然物及气体、液体、呈粉末状或颗粒状的物资等均不能作为外观设计的的载体。外观设计只涉及一项产品的外观，不触及这项产品的制造技术、结构和用途。

2. 构成外观设计的是产品的形状、图案或者其结合以及色彩与形状、图案的结合

形状、图案、形状和图案的结合、色彩与形状、图案的结合等。产品的色彩不能独立构成外观设计。脱离产品的设计仅是图案或色彩的组合，可以作为美术作品，但不是外观设计。

3. 外观设计是适于工业应用的新设计

适于工业应用是指该外观设计能能应用于产业上并形成批量生产。“新设计”是指该外观设计是一种新的设计方法，即该申请专利的外观设计在申请日或优先权日之前不构成现有的外观设计。此前，没有相同的申请曾向中国专利行政管理部门提出并在中国专利公报上公布或者公开，也没有相同的外观设计的产品被公开销售使用。

4. 外观设计必须富有美感

外观设计的功能只是为了美化产品，它仅是对具体产品的形状、图案、色彩或其结合所作的外表设计，目的在于满足人们对产品在视觉和感官等精神方面的要求，吸引人的注意力，丰富消费者的生活，陶冶消费者的情趣，从而增强产品在市场上的竞争力。中国《专利法》要求外观设计是通过视觉能引起美感的设

(51) LOC(10) Cl.　11-02
(10) 授权公告号　CN 303661163 S
(21) 申请号　201530403104.2　专利号　ZL 201530403104.2
(22) 申请日　2015.10.19
(45) 授权公告日　2016.05.04
(73) 专利权人　王香勤
　地址　214200 江苏省宜兴市丁蜀镇蠡蜀路188号603室
(72) 设计人　王香勤
(54) 使用外观设计的产品名称　工艺品(四大美女紫砂壶)

(51) LOC(10) Cl.　14-03
　14-04
(10) 授权公告号　CN 303661973 S
(21) 申请号　201530430757.X　专利号　ZL 201530430757.X
(22) 申请日　2015.11.02
(45) 授权公告日　2016.05.04
(73) 专利权人　腾讯科技（深圳）有限公司
　地址　518000 广东省深圳市福田区振兴路赛格科技园2栋东403室
(72) 设计人　陈碧琳　汤楚明　莫一民
(74) 专利代理机构　北京三高永信知识产权代理有限责任公司 11138
　代理人　吕耀萍
(54) 使用外观设计的产品名称　用于手机的图形用户界面

图 9-4　资料来源于中华人民共和国国家知识产权局官网→专利公告→外观设计专利公报（2016.05.04）

计。一项美观、漂亮的外观设计，可以给人们以美的享受，丰富人们的生活，陶冶人们的情操，吸引来顾客，尤其是质量相同的产品，外观设计的美与否，往往成为人们选购的关键。

9.2.2 外观设计专利的主体

外观设计专利的主体是指外观设计人、共同设计人、合法受让人、外观设计人的工作单位、外国人。其中:

外观设计人是指对产品的形状、图案、色彩或其结合作出富有美感，并适用于工业上应用的新设计的人。

共同设计人是指由几个人共同完成的创造性外观设计，那么他们就是这项外观设计的共同设计人。共同设计人就共同设计一起申请专利并取得专利权。

合法受让人是指非职务发明创造的专利申请人和专利权获得人通过合法途径从发明人或设计人处取得对该发明创造的所有权。外观设计人对其非职务发明所享有的所有权可以通过以下三种方式进行转让：①赠与方式，即设计人无偿地将自己的非职务创造性设计转给受让人所有。②买卖方式，即根据买卖合同，设计人将非职务创造性外观设计交给买方所有，而买方支付一定价款。③继承方式，即根据法定继承程序或遗嘱继承程序，已死亡的设计人的创造性外观设计转归其继承人所有。

外观设计人的工作单位是指在职的外观设计人在执行本单位的任务或者主要是利用本单位的物质条件所完成的创造性外观设计，那么，这项外观设计的专利申请权和专利权则属于外观设计人的工作单位。但职务创造性外观设计人可以在该创造性外观设计上标明自己是设计人，获得荣誉和精神奖励。

外国人是指不具有中国国籍的自然人、法人或其他组织。中国《专利法》对外国人的发明创造也作了明确的规定。

9.2.3 外观设计专利的特征

中国《专利法》第 23 条规定，授予专利权的外观设计应当同申请日以前在国内外出版物上公开发表过或者国内公开使用过的外观设计不相同或者不相近似。而实施细则第 2 条第 3 款指出，外观设计是指对产品的形状、图案、色彩或者其结合所作出的富有美感并适于工业上应用的新设计。由此看出，取得外观设计专利权的条件主要是新颖性，同时也要求具有创造性和实用性。

1. 新颖性

判断外观设计的新颖性，主要遵循以下四条标准：

（1）书面公开采用世界标准

中国《专利法》对书面公开采用世界标准，即外观设计必须是在国内外出版物上没有公开发表过的，才具有新颖性。

（2）使用公开采用本国标准

中国《专利法》规定，对使用公开采用本国标准，即外观设计只要在国内没有公开使用过的，就具有新颖性。

（3）不相同和不相似标准

所谓不相同，是指申请专利的外观设计与已公开的外观设计完全两样，不是仿制和抄袭现有的同类产品。不相同包括物品不相同和设计不相同，如果仅是设计相同而物品不同，则也是不相同的外观设计。

所谓不相近似，是指申请专利的外观设计与已公开的外观设计有较大的明显的区别，是指所申请的外观设计在物品、形状、图案、色彩等方面的差异。例如：物品相同，设计不相似；物品相似，设计不相似；物品不相似，设计相同或相似等均属于不相近似的外观设计，这就是说，设计的创作手法、形式相同或者近似，并不影响其新颖性。

案例：北京某视光科技公司（后称“北京公司”）在北京某商场三楼个体经营者朱某处购得 NJ 型瞳距仪，该“瞳距仪”生产厂商为芜湖市某光学仪器厂（后称“芜湖仪器厂”）。专利权人认为该瞳距仪外观与其外观设计专利近似，朱某销售的 NJ 型瞳距仪的行为以及光学仪器厂制造 NJ 型瞳距仪的行为侵犯了其“瞳距仪”的外观设计专利权，请求北京市知识产权局对此侵权行为进行处理。

在市知识产权局的处理过程中，经审理查明，北京公司是“瞳距仪”外观设计专利的专利权人，专利申请日为 2005 年 6 月，授权公告日为 2006 年 6 月，外观设计专利公告文件中印有主视图、后视图、俯视图、仰视图、立体图 1、立体图 2。视图显示出“瞳距仪”外观设计主体造型为半椭圆形，长方形液晶显示屏设置在正面面板的上方，正面面板上对称设置有滑动键、圆形旋转钮，底端设有一半球体。外观设计专利的设计要点为整体结构弧度曲线的造型。该专利至今有效。

2009 年 8 月，请求人在北京某商场三楼的个体经营者朱某处购得芜湖仪器厂生产的 NJ 型瞳距仪一个。该产品主体造型为半椭圆形，长方形液晶显示屏设置在正面面板的上方，正面面板上对称设置有按键，底端设置有一半球状体。

以上事实有外观设计专利证书、外观设计专利公告文件、国家知识产权局专利收费收据、北京某商场销货清单、北京眼镜城市场开具的销售发票、NJC-10 型瞳距仪产品及说明书在案佐证。

北京市知识产权局认为，被请求人朱某、芜湖仪器厂构成侵权，并做出责令朱某停止销售、芜湖仪器厂停止生产涉案瞳距仪。

外观专利比对说明

左侧为被诉侵权产品　　　　右侧为涉案外观设计专利

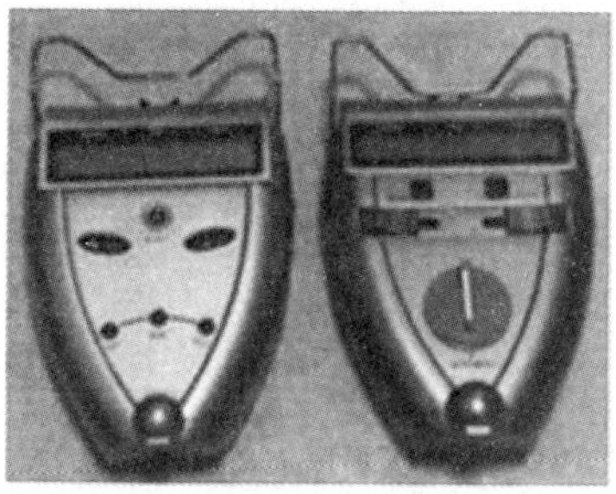

主视图

后视图

俯视图

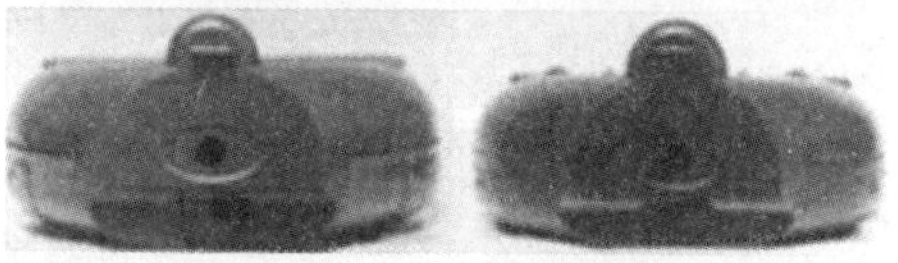

仰视图

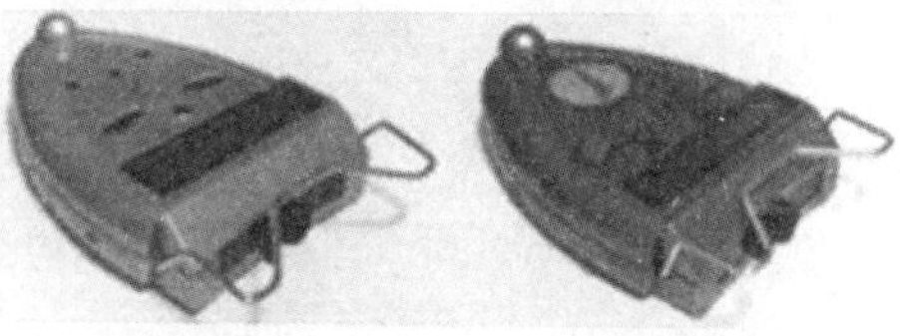

立体图 1

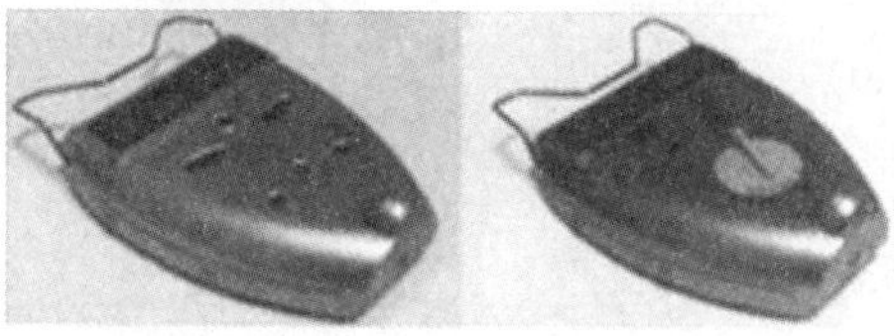

立体图 2

图 9-5　资料来源于北京市知识产权局专利执法处，2011 年 6 月 16 日

（4）适用法定例外标准

外观设计也有不丧失新颖性的例外。即如果有以下几种情况，并且是发生在申请日之前 6 个月以内，则不视为丧失新颖性：

①在中国政府主办或者承认的国际展览会上首次展出的；

②在规定的学术会议或者技术会议上首次发表的；

③他人未经申请人同意而泄露其内容的。

2. 创造性

创造性的要求其实是包含在新颖性之中的，上述不相同、不相近似就是要求外观设计应有创造性，通过设计人的独创性劳动来完成设计，使其自己创造的外观设计在形状、色彩、图案的组合上与已有的外观设计有明显的区别，不只是微小的改变。如果两个外观设计看起来相似，就不具有独创性。

3. 实用性

实用性是指授予专利权的外观设计适于工业上应用，能够用工业生产方法重复再现、大批量进行生产。这里的批量生产并不是指已经生产出来，而是指有批量生产的可能性即可。

4. 不得与他人在先权利相冲突

授予专利权的外观设计除具备上述条件外，还不得与他人在先取得的权利相冲突。他人“在先取得的权利”通常包括商标权、著作权、企业名称权、肖像权、知名商品特有包装或者装潢使用权等。“在先取得”是指在先权利人和权利产生之日在外观设计专利的申请日或者优先权日之前。其中需要注册和登记而产生的权利，注册登记之日为权利取得之日。“相冲突”的表现形式交叉，多个权利人能够对包含相同内容的权利客体主张其权利，在行使权利时涉及谁优先的问题。

9.2.4 申请外观设计专利的原则及手续

1. 申请外观设计专利的原则

一项创造性外观设计要取得专利权，除了必须具备上述要求和条件外，还需要解决与其他人在申请中可能发生的关系问题。也就是说，当同一创造性外观设计有两个或者两个以上的人分别提出专利申请时，专利权应该授予谁呢？国内外通行以下三种原则。

（1）书面原则

所谓书面原则是指一项创造性外观设计要申请专利，必须按专利法的规定，以书面形式向中国专利局递交必要的、齐备的、表明请求授予专利权的文件，而不能用口头说明或者以提交实物来代替书面申请，也不能用电报、电传等手段提交申请文件。

（2）单一性原则

申请单一性原则是指一项外观设计的专利申请应只限于一种产品所使用的外观设计，对于“用于同一类别并且成套出售或者使用的产品的两项以上的外观设计，可以作为一件申请提出。”

（3）先申请原则

先申请原则是指两个以上的申请人先后申请同一外观设计，谁先向专利局提出专利申请，谁就可以获得专利权的原则。

2. 申请外观设计专利的手续

中国《专利法》实施细则第三条规定，专利法和实施细则规定的各种手续应当以书面形式办理，在提交文件时必须使用专利局规定的格式，由申请人签名或者盖章。申请外观设计专利应提交的文件是：

（1）请求书

请求书在填写内容方面不用填“名称”一栏，但要填写使用该外观设计的产品的名称以及该产品所属的类别。类别必须按专利局公布的外观设计产品分类表的分类填写，力求简明准确。

（2）图片或者照片

为清楚地表明申请外观设计专利请求保护的范围，申请人可就该外观设计提交不同角度、不同侧面、不同状态的图片或者照片。一般应按正投影标准绘制或者拍摄产品的六面视图（包括主视、俯视、仰视、右视、后视、剖面）。依照专利法规定提交的外观设计的图片或者照片，不得小于 3 厘米 ×8 厘米，也不得大于 15 厘米 ×22 厘米。如果是请求保护色彩的外观设计专利，还应提交彩色和黑白的图片或者照片各一份，并在黑白的图片或者照片上注明请求保护的色彩。对照片或者图片可以附加简要的说明。外观设计简要说明应写明使用该外观设计的产品的主要创作部分、请求保护色彩、省略视图等情况。

9.3 专利权的保护

9.3.1 专利权的保护范围

专利权的保护范围是指专利权的法律效力所涉及的发明创造的范围。各国普遍认为，确定专利权保护范围的依据是权利要求书。根据折中原则，专利权的保护范围应根据权利要求书所表示的实质内容确定，权利要求书中所表示的技术特征有疑义时，可以引用说明书和附图进行解释。

9.3.2 中国专利权的保护范围

1. 发明、实用新型专利的保护范围

中国《专利法》第 59 条第 1 款规定：“发明或者实用新型专利权的保护范围以其权利要求的内容为准，说明书及附图可以用于解释权利要求的内容。”《专利法实施细则》第 19 条第 1 款规定：“权利要求书应当记载发明或者实用新型的技术特征。”据此规定，确定发明和实用新型专利权的保护范围应注意以下几点：

（1）确定发明或实用新型专利权的保护范围，应以权利要求书的内容为准。根据《专利法》的规定，权利要求是确定专利权保护范围的最根本的依据。权利要求是指被授予专利权后在专利文件中记载的权利要求的整体内容表达，而不是以权利要求的个别文字或者措辞为准。尽管一项技术构思在说明书或附图中有所体现，但如果权利要求书中没有记载，就不属于保护范围，因为说明书仅处于从属地位，其本身不能确定专利保护范围。

（2）确定发明或实用新型专利保护范围应当正确把握权利要求书的实质内容和技术特征，同时也要参考和研究说明书或附图，了解发明或实用新型的目的、作用和技术效果。准确了解权利要求的实质性内容和技术特征等，才便于进行分析和比较，准确判断侵权行为。

（3）明确权利要求中的技术用语。为了清楚掌握权利要求中某一技术术语的含义，必要时可以参考权利申请过程中申请人和专利局之间关于专利申请、审批的往来文件，或参考申请人提出专利申请时的现有技术，以利于准确判断。

（4）不同类型发明创造的保护范围有其特殊性。对产品发明专利的保护范围具有同样特征、结构和性能的产品，而不论其是用何种方法制造的。同时对专利产品保护的范围也不应受说明书中所述的作用的限制；对方法发明专利的保护范围，包括所有具有相同特征、参数和相同效果的方法，并延及依该制造方法所直接获得的产品。

2. 外观设计专利权的保护范围

（1）外观设计专利权的保护范围

外观设计是一种图形（造型）设计，与一般艺术作品具有同样的性质，难以用文字准确地描述其内容。外观设计专利权的保护范围与发明、实用新型的保护范围不同。因为外观设计专利申请文件中没有权利要求书，也没有说明书，只有表现该外观设计的图片或照片。因此，外观设计专利就不需要权利要求书，也没有说明书，只要用外观设计的图片或者照片可达到确认其权利内容的要求。根据这一特性，中国《专利法》第 59 条第 2 款规定，外观设计专利权的保护范围以表示在图片或者照片中的该外观设计专利产品为准。从这一规定可以看出，外观设计专利权的保护范围有两个方面：一是表示在图片或照片中的该外观设计；二是申请专利时指定的产品上使用该外观设计。任何单位和个人一旦仿制该外观设计生产同类外观设计的产品，就构成侵犯该外观设计专利权行为。

在实践中，有下列三种情况不宜归入外观设计专利的保护范围：

①不是为了商业上的目的而模仿一项外观设计；

②将用于二维产品的二维平面设计应用于三维产品，或者相反；

③将一项外观设计的图片、照片编入一本著作教材之中。

（2）确定外观设计专利权保护范围注意事项

①外观设计专利保护的范围是不是在图片或照片中的外观设计。任何单位或个人不得仿制外观设计专利权人提交的图片或照片中的外观设计。所谓仿制，不仅包括一模一样的模仿，也包括实质上的模仿，即仅仿制外观于设计中具有新颖性和独创性的部分。

②外观设计专利保护的范围取决于专利授权时指定的外观设计使用产品的范围。许多实行外观设计注册的国家采用使用外观设计的产品分类法，要求申请人声明该外观设计所使用的产品的种类，外观设计专利权的范围限于其所应用的产品范围。中国《专利法》也要求以表示在图片或照片中的该外观设计专利产品为准，判断外观设计专利权的保护范围。

③外观设计专利权的保护范围不仅涉及相同的产品上使用相同的外观设计，而且也包括相同的产品上使用近似的外观设计。

9.3.3 外观设计专利保护的方法

对侵害专利权行为，专利权人或者利害关系人可以就侵权行为与侵权人进行协商解决；不愿意协商或者协商不成的，可以请求专利管理机关依行政程序进行处理，也可以直接向人民法院起诉。专利权的具体保护方式除诉前禁令外，还主要包括行政保护、民事保护和刑事保护。

1. 诉前禁止令

中国《专利法》第 66 条第 1 款规定：“专利权人或者保护专利权人有证据证明他人正在实施或者即将

实施侵犯其专利权的行为，如不及时制止将会使其合法权益受到难以弥补的损害的，可以在起诉前向人民法庭申请采取责令停止有关行为的措施。”根据这一规定，提出申请人包括专利权人和利害关系人，利害关系人主要包括专利实施许可合同的被许可人、专利财产权利的继承人等。申请人提出申请应当向有专利侵权案件管辖权的人民法院递交书面申请状，并载明当事人及其基本情况，申请的具体内容、范围和理由等事项，并应提交相关证据和提供担保。

2. 行政保护

专利权的行政保护是通过行政诉讼程序实现的。依据中国《专利法》第 41、46、58 条的规定，专利申请人对国务院专利行政部门驳回申请的决定不服地，可以在收到通知之日起 3 个月内，向专利复审委员会请求审查。专利复查委员会复审后，作出决定，并通知专利申请人。专利申请人对专利复审委员会的复审决定不服的，可以自收到通知之日起 3 个月内向人民法院起诉。对专利复审委员会宣告专利权无效或者维持专利权的决定不服的，可以自收到通知之日起 3 个月内向人民法院起诉。专利权人对国务院专利行政部门关于实施强制许可的决定不服的，专利权人和取得实施强制许可的单位或者个人对国务院专利行政部门关于实施强制许可的使用费的裁决不服的，可以自收到通知之日起 3 个月内向人民法院起诉。

这是通过行政法律程序对专利权实行的法律保护。主要是通过国家行政管理机关以行政手段加以保护。中国《专利法》规定，未经专利权人许可，实施其专利，即侵犯其专利权，引起纠纷的，由当事人协商解决；不愿协商或者协商不成的，专利权人或者利害关系人可以向人民法院起诉，也可以请求管理专利工作的部门处理。管理专利工作的部门处理时，认定侵权行为成立的，可以责令侵权人立即停止侵权行为，当事人不服的，可以自收到处理通知之日起 15 日内依照《行政诉讼法》向人民法院起诉；侵权人期满不起诉又不停止侵权行为的，管理专利工作的部门可以中请人民法院强制执行。进行处理管理专利工作的部门应当事人的请求，可以就侵犯专利权的赔偿数额进行调解；调解不成的，可以依照《民事诉讼法》向人民法院起诉。

3. 民事诉讼保护

民事诉讼保护就是通过民事诉讼程序对专利权实行的保护。当专利权遭受侵犯时，专利权人可以通过民事诉讼程序向人民法院提起诉讼，请求制止侵权行为，没收非法制成品和生产手段，公布遣责侵权人的判决，赔偿侵权行为所造成的损失。民事制裁有：

⑴ 责令侵权人停止侵权行为。

⑵ 赔偿损失。

⑶ 没收侵权人非法所得产品。

⑷ 责令侵权人向专利权人道歉，恢复专利权人的信誉。

练习思考题

1. 名词解释

（1）相同的外观设计

（2）相近似的外观设计

2. 简答题

（1）观设计专利与发明、实用新型比较的最大不同是什么？

（2）观设计授予专利权的实质条件是什么？

10

第 10 章　设计作品著作权

10.1　设计作品概述

10.1.1　设计作品的定义

设计作品是著作权的客体，即指设计著作权人依法对之享有权利的作品。我国著作权法实施条例第二条规定：“著作权法所称作品，是指文学、艺术和科学领域内，具有独创性并能以某种形式复制的智力创作成果”。

10.1.2　设计作品的类型

根据我国《著作权法》和《著作权法实施细则》规定，受著作权法保护的设计作品可分为：

1. 文字设计作品。即以文字或文字符号创作的作品。例如：设计说明书、广告词等。

2. 美术设计作品。是指绘画、书法、雕塑、建筑等以线条、色彩或者其他方式构成的有审美意义的平

图 10–1　武汉杂技节

图 10–2　渡江节的节徽图案

图 10–3　《母亲》雕塑

面或立体的造型艺术作品。

3. 雕塑作品。凝结了中国传统造像风格和对母爱的赞扬，坐落在兰州市滨河中路南岸的著名雕塑，兰州的城市名片——《母亲》却屡遭侵权。2002 年 9 月，在陕西省合阳县洽川镇风景区河心岛上，出现了一座仿制的《母亲》雕像，不仅以 10 元一张的票价收费展出，雕像脚下还设有捐款箱、香炉、磕头垫子等物，被个体户当成了旅游开发的摇钱树。何鄂向法院提出诉讼，最终作者打赢了这场官司。2014 年，山东滨州、山西大宁两地竟又前后脚冒出两座“山寨版”《母亲》。何鄂愤然而起，与两地政府部门侵权者对簿公堂。

4. 书法作品。“叶根友毛笔行书字体”是经过国家版权部门著作权登记的书法美术作品。该字体是由一个一个的汉字组成，这些汉字的排列本身不具有独创性，字体的独创性最终体现在每个汉字的字形上。2010 年 2 月，春节销售最旺季节，无锡肯德基公司 72 家门店均大量张贴“福”“新春快乐”“虎到福到”字样的虎年春节窗帖，构成了 72 家门店宣传及营造节日气氛的全部内容，对吸引人流、增加销售起到了至关重要的作用。在招贴材料中使用“新”“春”“快”“乐”“虎”“到”“福”等七个字侵犯了叶根友的“叶根友毛笔行书字体”享有的著作权。

“叶根友毛笔行书字体”中的每个汉字是在国家标准的基础上创作形成，具有其独特的汉字风格、笔形和结构特点。为了保证“叶根友毛笔行书字体”在整体上能体现统一的风格并富有美感，叶根友不仅要保证其中的每个汉字和字符具有美感，还需要不断修改和完善字形的间架结构，这一过程也必然要求叶根友付出独创性劳动。因此，“叶根友毛笔行书字体”中的每个汉字均具有独创性，属于以线条构成的具有审美意义的书法美术作品，具备著作权法规定的美术作品的构成要件。其数字化形式并未改变该作品实质，具有一致的独创性特点，依法同样受著作权法保护。即使“叶根友毛笔行书字体”是通过计算机字体软件表现出来的，在制作过程中同样需要经过字型设计、扫描、人工修字、整合成库等过程，尤其在字型设计时，需要根据字型创意风格对每个字的笔形特点、结构特点进行设计，所有的字必须采用统一的风格和笔画规范进行处理。这些过程也凝聚了叶根友的独创性，应当予以保护。并经过国家版权部门画的著作权登记，叶根友享有“叶根友毛笔行书字体”的著作权。

图 10-4　“叶根友毛笔行书字体”原稿

图 10-5　原稿与涉案材料对比

图 10-6　《旱区的孩子》

5. 摄影作品。是指借助器械，在感光材料上记录客观物体形象的艺术作品。如兰州某报社摄影记者任世琛花 10 年时间拍摄的《旱区的孩子》，他深入甘肃、宁夏、陕西等地的 100 多个干旱乡村，拍摄了

3000 多张有关干旱少雨导致孩子饮用水困难的纪实图片，该组专题图片还在国际国内多次获奖。

6. 工程设计、产品设计图纸。

7. 地图、示意图等图形作品，即指地图、线路图、解剖图等反映地理现象、说明事物原理或者结构的图形或者模型。

8. 计算机软件作品。例如：计算机程序开发过程中编写的说明书、流程图以及使用手册等。

10.1.3 设计作品的特性

受著作权法保护的设计作品也必须具备三个条件：

1. 必须具有独创性，即指依靠个人的智力劳动创作出来的设计作品。

2. 必须属于文学、艺术和科学领域内的设计创作。

3. 必须能够以某种形式复制。即受保护的设计作品不仅可被人们的感觉感知，而且能够固定在某种有体物上（如纸张、胶片、磁带等），并能被复印使用。

10.2 著作权的内容

10.2.1 设计作品的著作权的定义

设计作品的著作权，是指设计著作权人因设计创作作品依法享有的权利和承担的义务。

10.2.2 设计作品的著作权的内容

著作权人享有的权利可分为人身权和财产权两部分。

10.2.3 著作权人的人身权利

人身权利又称非财产权。按照著作权法，著作权人受保护的人身权利分为发表权、署名权、修改权和保护作品完整权。

1. 发表权。发表权是作者决定作品是否公布于众的权利。发表权的内容不仅在于作者决定作品是否公开，而且还包括作者有权决定或选择作品何时、何地，以什么方式、什么条件发表。

2. 署名权。是指作者有权决定是否在其作品上署名，署真名、假名或者不署名。同时，作者有权禁止未参加创作的其他人在其作品上署名。

3. 修改权。即指作者享有修改或者授权他人修改作品的权利。修改权反映了作者意识的改变体现于作品，是主要的精神权利。作品的修改权还表现为作者有权禁止他人随意修改或者歪曲自己的作品。修改权可以转移，即作者授权他人修改作品。对于合作作品，作者应当协商一致再修改。作品修改权保护期不受限制。

4. 保护作品完整权。是指作者有权维护其作品的内容和形式的完整性，不受他人的歪曲和篡改。作者以作品的形式表达思想，体现了作者的意志。未经作者允许对作品内容增删，甚至断章取义，都有可能歪曲或在某种程度上篡改了作品。作品修改权的概念，在现代已延伸有“收回权”的含义。《伯尔尼公约》和《世界版权公约》对收回权有间接的承认和规定，我们在有关作品的使用中应给予注意。

10.2.4　著作权人的财产权利

著作权的财产权利又称经济权利，就是著作权人使用作品和获得报酬的权利。其中使用权包括出版权、复制权、展览权、发行权、演绎权、编辑权、表演权以及电影、电视摄制权、播放权。获得报酬权，也称为收益权，是指著作权人享有因使用或者转让作品而获得报酬的权利。我国《著作权法》规定了著作权人许可他人以种种方式使用作品，并由此获得报酬的权利。《著作权法》中体现法定使用作品付酬的条款有：第三十一条，取得专有出版权的图书出版者，重印、再版作品时应通知著作权人并支付报酬；第三十二条，"作品刊登后，除著作权人声明不得转载、摘编的外，其他报刊可以转载或者作为文摘、资料刊登，但应当按照规定向著作权人支付报酬"；第三十四条，出版演绎作品和编辑作品的，还应向原作品的著作权人付酬。

案例一：

曹宏霞是榆林剪纸艺人，创作出"信天游""三十里铺""兰花花"等一些列剪纸作品，2012 年被榆林市政府授予"榆林市非物质文化遗产传承人"。

2006 年 4 月，曹宏霞参加西洽会时，发现神木四妹子公司在宣传册和出售的杂粮包装盒上，未经曹宏霞同意就使用剪纸作品"三十里铺""兰花花"等。"三十里铺"在 2005 年已经进行版权登记并领取版权证书。随后曹宏霞就与对方公司交涉，但是对方一直不理睬，继续侵权。2013 年 6 月 20 日，曹宏霞正式向榆林市中级人民法院提出诉讼，要求神木四妹子公司停止侵权，并赔偿经济损失 500 万元。

榆林市中级人民法院一审作出判决，判定神木四妹子公司侵犯曹宏霞剪纸作品修改权、作品完整权和复制权成立，并责令停止侵权，赔偿经济损失 8 万元人民币。

1. 使用权

使用权是作者本人或授权他人使用作品的权利。使用权所含的内容十分丰富，主要包括：

⑴ 出版权。出版权属于复制权范畴，是作者自己或者许可出版人出版其作品的一项专有权利。

⑵ 造词复制权。复制权就是作者或者他人被允许以印刷、复印、临摹、拓印、录音、录像翻录、翻拍等方式将作品制作一份或者多份的行为。

⑶ 展览权。展览权就是著作权人同意或禁止他人公开陈列作品原件及复制品的权利。

⑷ 发行权。发行权是指著作权人为满足公众合理需求通过出售、出租等方式像公众提供一定数量的照片复制件的权利。

⑸ 演绎权。演绎权就是著作权人有权许可或者禁止他人对作品进行改编、翻译、注释和整理的权利。

⑹ 编辑权。是指作者有权禁止或许可他人汇编或辑录作品的权利。

⑺ 表演权。表演权就是允许或者禁止现场向公众直接传播作品的权利。

⑻ 电影、电视摄制权。是指著作权人许可或禁止将作品摄制成电影或电视的权利。

⑼ 播放权。是指著作权人享有作品是否被电台、电视台播放的权利。

案例二：

2013 年 3 月，经济参考报社对《通胀期要比想象来得长》等九篇涉案作品享有除署名权之外的著作权其他权利，广州网易计算机系统有限公司未经经济参考报社许可亦未向经济参考报社支付任何费用，擅自在其经营的网站转载，其行为已侵犯了经济参考报社对上述涉案作品所享有的信息网络传播权。

2. 获得报酬权

获得报酬权，也称收益权。是指著作权人享有因使用或者转让作品而获得报酬的权利。获得报酬权是著作权人劳动价值的承认。使用作品付酬可以是作者许可使用付酬，也可以是法定许可使用付酬。法定使用许可付酬有两个主要特征：一是使用作品事先可以不经过著作权人许可；二是使用作品是营利性的，必须付酬。

3. 著作权人的其他权利

著作权人除享有人身权利和财产权利外，还有既非人身权又非财产权的权利内容，或者说很难划分为人身权利或财产权利。

⑴对作品的处置权

对作品的处置权，就是著作权人享有的既不是因人身权也不是财产权的需要而对作品如何处置的权利。对作品处置权的行使常表现为对作品财产权的赠送、让与。如受到荣誉嘉奖而把作品除署名权外的其他著作权赠送国家；又如留下遗嘱遗赠作品著作权，即使是著作权人的第一继承也不能干预作者遗赠何人。

⑵追续权

追续权就是著作权人享有转售作品的增值的权利，追续权只有在原作品增值的情况下才能行使。追续权是有形财产权中的术语，所以著作权中能享有追续权的作品多适用美术和艺术作品。承认追续权的各个国家，对著作权人在作品被让人再售出中所得收入的比例及计算方式不一样。有的规定著作权人可得售价的 5%（如匈牙利著作权法），有的则规定著作权人可得增值的 20%（如巴西著作权法）。

10.3 设计作品的著作权保护期间

10.3.1 著作权的保护期间定义

著作权的保护期间，是指著作权受法律保护的时间。著作权人身权利和财产权利的保护期间全然不同。

10.3.2 设计作品的著作权的保护期间

1. 著作权中人身权利的保护期间

我国著作权法第二十条规定，“作者的署名权、修改权、保护作品完整权的保护期不受限制”。作者的署名权永远受法律保护，没有时间限制。作者是公民的，公民死亡时，其修改权终止；作者是法人的，法人终止时，其修改权终止。作者的保护作品完整权永远受保护。公民死亡、法人终止后，其署名权、保护作品完整权受到侵犯时，他的权利承受人可以作为保护人以原告身份提起诉讼。

2. 著作权中财产权利的保护期间

①作者为公民的，著作权中财产权利的保护期间

我国著作权法第二十一条中规定：“公民的作品，其发表权、使用权和获得报酬权的保护期为作者终生及其死亡后五十年，截止于作者死亡后的第五十年的 12 月 31 日”。例如，某作者于 2001 年 4 月 15 日死亡，该作品著作权中财产权利的保护期间至 2051 年 12 月 31 日。

②作者为法人时，著作权中财产权利的保护期间

我国著作权法第二十一条中规定，法人或者非法人单位的作品，其发表权、使用权和获得报酬权的保护期为 50 年，截止于作品首次发表后第 50 年的 12 月 31 日。这就是说，作品的作者是法人的，著作权中财产权利的保护期间为 50 年。例如，某法人于 2001 年 9 月 7 日创作了一作品，该作品于次年 12 月

26 日发表，作品著作权中的财产权利保护期间为 50 年，至 2052 年 12 月 31 日届满。

③合作作品著作权中财产权利保护期间

公民数人共同创作的作品，其著作权中财产权利的保护期间，亦为作者有生之年加死后 50 年。我国著作权法规定，公民的作品，如果是合作作品，著作权中发表权、使用权和获得报酬权的保护期间截止于最后死亡的作者死亡后第 50 年的 12 月 31 日。

法人之间的合作作品，其财产权利的保护期从作品发表时起算，为 50 年，截止于发表后的第 50 年的 12 月 31 日。

10.4　著作权与其他相关权利的关系

著作权与相关的专利权、商标权、名誉权、肖像权、科技成果权等均有一定关系。在对某些作品的调整中，著作权与这些权利时有交叉，容易混淆，因此，有必要划清其界限，协调其关系。

10.4.1　著作权与专利权

著作权与专利权都是无体财产权，均以人类无形的智力成果作为调整对象并且具有专有性、地域性、时间性等特点。由此，二者在权利的性质上均为私权，均属于知识产权的范畴。

著作权保护的是思想和客观事物的表现形式，而不是思想和客观事物本身。专利权保护的是思想，并且该思想必须新颖且具有实用性和先进性，同时还必须未经他人发表或尚未公开使用。

1. 美术作品的载体是工艺美术品的，该工艺美术作品为专利法调整，不受著作权之保护。

2. 绘画、书法、摄影、影视、图形等作品首次用于工业品外观设计的，受著作权之保护；在同类产品上再次使用该作品的，则由专利法调整，不为著作权保护。

为解决著作权和专利权的这一重合，可采取“一次卖绝”，是指绘画、书法、摄影、影视、图形等作品用于工业品外观设计时，著作权人必须将在该产品上使用的著作权中的财产权利转让给生产者。权利转让后，该产品则适用专利法调整，不再适用著作权保护制度。“一次卖绝”的办法有以下特征：

第一，生产者首次将著作权所保护的作品在产品上使用，必须征得著作权人的许可，并支付报酬。

第二，作品的著作权人必须将在同类产品上使用的著作权中的财产权利卖绝。

第三，“一次卖绝”后，该产品只适用专利法，取得外观设计专利的，他人不得仿制，未取得外观设计专利的，任由他人复制。

第四，该作品在不同种类的产品上使用的权利，仍属于著作权人。

10.4.2　著作权与商标权

著作权与商标权均是智力成果，在权利上，商标权的客体为具有显著性特点的标记，目的在于区分不同的商品和服务；在权利的取得方式上，商标权必须经过申请、注册、登记和公告或使用符合法定条件时方可获得；在权利的效力程度上，各国商标法普遍规定，相同或相近似的商品或者服务上不能登记相同或相近似的商标，即不能产生商标权，且著作权也不同。

书法、绘画、摄影、影视等作品首次用于商标的，适用著作权法；在同类商品或者类似商品的商标上再次使用该作品的，则由商标法调整，不再适用著作权法。

著作权与商标权可能发生交叉保护。构成商标标记的文字、图形或者图形的组合，可以作为商标予以保护，该商标也可能会构成一件艺术作品而受到著作权的保护。

10.4.3 著作权与科技成果权

技术说明、工程设计图、产品设计图、示意图等科技作品既是著作权法的客体，又为专利法、技术合同法所保护，但这些法对其调整的侧面有所不同。著作权法保护的是科技作品的形式，将技术说明、工程设计图、产品设计图、示意图印刷出版，应为著作权保护。而专利法、技术合同法等保护的则是科技作品的内容，技术说明、工程设计图、产品设计图、示意图等科技作品所反映的科技成果，受科技成果权保护。著作权人行使科技作品的著作权，有时会与该作品涉及的科技成果权的行使相交叉。例如对工程设计、产品设计图的改编，按照著作权法需经著作权人的许可，但设计图作为科技成果又为技术合同法等法律所调整，在生产领域任由使用人改编，均不属剽窃、抄袭。在这种情况下，科技作品的著作权人行使著作权，不能对抗该作品涉及的科技成果权的行使。

练习思考题

1. 如何理解著作权的含义？
2. 列举设计著作权的内容。
3. 著作权与专利权、商标权的异同是什么？

11

第 11 章　相关设计法规链接

11.1　商标设计原则与规范

11.1.1　商标设计的基本原则

（1）商标设计的显著性原则

商标在设计时注意简练突出，富有自身特色，做到易记、易懂、易读、易听、易看、易写，使其具有显著性。商标所具有的独特性或可识别性也是商标显著性原则的体现，无论是文字、图形还是文字与图形的组合，都要立意新颖，独具风格，具有足以与其他同类商标相区别的特点。

（2）商标设计的合法性原则

商标的合法性原则是指商标的设计必须符合商品销售国家和地区的法律规定和风俗习惯，尊重其国家主权和民族特点，不能只追求商标的美观与实用，同时要严密地考虑设计的合法性，以及商标使用后的法律后果。

（3）商标设计遵守社会公德的原则

商标设计遵守社会公德的原则是指商标设计应符合社会共同的道德标准，合乎社会共同的行为规范。

（4）商标设计尊重社会风俗习惯的原则

商标设计尊重社会风俗习惯的原则是指商标设计应尊重申请注册国家或地区的风俗习惯，避免引起不良反应。

（5）商标设计忌用地理名称的原则

世界大多数国家的法律规定，地理名称是不能作为商标使用的。

11.1.2　商标设计的禁用规定

（1）商标设计禁用的文字和图形

①同中华人民共和国的国家名称、国旗、国徽、军旗、勋章相同或者近似的，以及同中央国家机关所在地特定地点的名称或者标志性建筑物的名称、图形相同的，商标设计中禁止使用。

②同外国的国家名称、国旗、国徽、军旗相同或者近似的，商标设计中禁止使用，但该国政府同意的除外。

③同政府间国际组织的名称、旗帜、徽记相同或者近似的，商标设计中禁止使用，但经该组织同意或者不易误导公众的除外。

④与表明实施控制、予以保证的官方标志、检验印记相同或者近似的，商标设计中禁止使用，但经授

权的除外。

⑤同“红十字”“红新月”的名称、标志相同或者近似的，商标设计中禁止使用。

⑥县级以上行政区划的地名或者公众知晓的外国地名，不得作为商标。但是，地名具有其他含义或者作为集体商标、证明商标组成部分的除外；已经注册的使用地名的商标继续有效。

⑦带有民族性歧视的。

⑧夸大宣传并带有欺骗性的。如“长寿”香烟。

⑨有害于社会主义道德风尚或者其他不良影响的。

（2）商标设计的其他限制性规定

①仅有本商品的通用名称、图形、型号的，不予注册。

②仅仅直接表示商品的质量、主要原料、功能、用途、重量、数量及其他特点的，不予注册。

③缺乏显著特征的。标志经过使用取得显著特征，并便于识别的，可以作为商标注册。

④以三维标志申请注册商标的，仅由商品自身的性质产生的形状、为获得技术效果而需有的商品形状或者使商品具有实质性价值的形状，不予注册。

⑤商标中有商品的地理标志，而该商品并非来源于该标志所标示的地区，误导公众的，不予注册并禁止使用；但是，已经善意取得注册的继续有效。地理标志，是指标示某商品来源于某地区，该商品的特定质量、信誉或者其他特征，主要由该地区的自然因素或者人文因素所决定的标志。

（3）相同商标和近似商标

①就相同或者类似商品申请注册的商标是复制、模仿或者翻译他人未在中国注册的驰名商标，容易导致混淆的，不予注册并禁止使用。

②就不相同或者不相类似商品申请注册的商标是复制、模仿或者翻译他人已经在中国注册的驰名商标，误导公众，致使该驰名商标注册人的利益可能受到损害的，不予注册并禁止使用。

11.1.3 商标专用权的保护

（1）商标专用权的国内法律保护

商标权指商标所有人依法对其注册商标所享有的专有权。经商标局核准注册的商标为注册商标，商标注册人享有商标专有权，受法律保护。商标权的保护，是指国家运用法律手段制止、制裁商标侵权行为和商标犯罪行为，以保护注册人对其注册商标所享有的专用权，维护国家商标管理秩序的制度。

根据《中华人民共和国商标法》（以下称商标法）之规定，获得商标专用权的唯一途径是商标注册，即如果你的商标已经在中华人民共和国商标局获准注册，你就对该注册商标享有专用权。中国商标法只对在中国商标局注册的商标提供法律保护。

涉及商标专用权保护的其他法律中，也有有关商标专用权保护的内容。这些法律主要有《民法通则》《刑法》《反不正当竞争法》。《民法通则》对商标权的性质及侵犯商标权的民事法律责任作了规定；《刑法》中规定了涉及商标的犯罪的构成要件及相应的刑罚；《反不正当竞争法》着重对商标假冒行为进行了规定。

①行政保护机制

关于商标权的保护，中国采用所谓“双重保护，平行操作”的机制，其含义是指，中国的法院和行政机关，都有权实施商标法，保护商标专用权。通过过去 20 多年的实践，事实证明这个机制适合中国的国情，是非常有效的。那么，这个机制是如何运作的呢？先谈行政保护机制。这种机制是一种非诉讼的机制。当商标权人的商标专用权受到侵犯时，该商标权人可以向中国政府的相关部门投诉，要求政府部门给予法律上的救济。相关政府部门可以进行调查，并通过查封、扣押，或者责令侵权人停止侵权、对侵权人处以罚款等手段，对权利人进行救济。如果侵权人对相关政府部门的决定不服，可以自决定做出之日起 30 日内向高一级行政当局申请复议。如果侵权人对高一级行政当局的决定仍然不服，他可以向当地的法院起诉。

行政保护是一种独特的和有效的对付商标侵权的手段。行政保护程序在处理商标侵权和商标争议方面有以下几方面的好处：一是行政程序比司法程序快；二是行政程序比司法程序省钱；三是行政程序可以彻底解决纠纷，没有副作用。

②商标行政保护机关

工商行政管理机关是一个非常重要的政府部门，它负责公司的注册设立、反不正当竞争、消费者保护、市场监督等，并负责商标的行政管理工作，如查处商标假冒、侵权行为。根据中国商标法，工商行政管理机关有权调查和处理任何侵犯商标专用权的行为。当商标侵权行为成立时，工商行政管理部门有权责令侵权行为人立即停止侵权行为，并有权扣押和销毁侵权商品，没收用于制造侵权商品或假冒注册商标标识的工具，有权对侵权人处以罚款。有关当事人对工商行政管理部门的处理决定不服的，可以根据《中华人民共和国行政诉讼法》向当地人民法院起诉。

中华人民共和国海关总署在其总部设立知识产权保护机构，专门负责知识产权海关备案和指导全国各地海关采取知识产权保护措施。海关知识产权保护条例第二条规定，本条例所称知识产权保护，是指对与进出口货物有关的并受中华人民共和国法律和法规保护的商标专用权、著作权及专利权所进行的保护。该条规定，对于侵犯受中国法律、法规保护的知识产权的产品，海关将禁止其进出口。该条例规定，海关在执行与进出口货物有关的知识产权保护职能时，可以行使海关法赋予其的相关职权。这些职权包括检查权、检验权、扣留权、调查权和处罚权、处理侵权货物权。海关条例和海关法是海关执行知识产权边界保护的法律基础。

（2）商标专用权的国外法律保护

有关的国际公约、多边及双边协定主要包括《保护工业产权巴黎公约》《马德里协定》《马德里协定有关的议定书》《尼斯协定》等国际公约及中国同美国等国家就知识产权保护签订的双边或多边协定。

11.2　广告设计原则与规范

11.2.1　广告活动应遵循的原则

（1）守法原则

我国《广告法》第 3 条规定：“广告应当真实、合法，符合社会主义精神文明建设的要求。”这一规定是广告“真实、合法原则”的法律依据。该项原则实际包含两个方面的内容，即“广告的真实性”和“广告的合法性”。

（2）公平原则

1937 年通过的《国际广告行为准则》第 1 条明确规定：“任何广告不得有违反通行的公平标准的声明或陈述。”这一规定基本上可以作为“公平原则”的国际法依据。公平原则也是我国《广告法》规定的基本原则之一。

（3）诚实信用原则

我国《广告法》第 5 条规定，广告主、广告经营者、广告发布者从事广告活动，应当遵守诚实信用原则。这项原则要求广告行为主体在广告活动中应保持善意、诚实，恪守信用，反对任何形式的误导和欺骗。

11.2.2 广告内容应遵循的原则

（1）广告内容的真实性原则

广告内容的真实性原则主要是指对广告所传播的经济信息要真实的要求。广告文稿要真实准确，客观实在，要言之有物，不能虚夸，更不能伪造虚构。

（2）广告内容的合法性原则

广告内容必须遵守国家法律规范的标准。遵守国家法律规范既包括广告法，又包括民法通则、反不正当竞争法、经济合同法等法律规范的有关规定。广告内容的合法性原则具体体现在三个方面：广告活动形式合法、广告宣传内容合法、广告媒体设置合法。

（3）广告内容的思想性原则

广告内容的思想性原则是指广告内容与形式要健康。广告不仅是一种经济活动，而且也是一种政治宣传活动。广告主题和艺术形式必然涉及宣传什么鼓励什么等社会问题，所以广告不仅要追求经济效益，还要负起社会责任。思想性作为广告的灵魂，通过独特的形式和艺术手法表现出来，思想性寓于广告艺术性之中。

11.2.3 广告设计的限制性规定

（1）广告设计的禁用性规定

①广告中禁止使用中华人民共和国国旗、国徽、国歌；

②广告中禁止使用国家机关和国家机关工作人员的名义；

③广告中禁止使用国家级、最高级、最佳等用语；

④广告内容不得妨碍社会安定和危害人身、财产安全，损害社会公共利益；

⑤广告内容不得妨碍社会公共秩序和违背社会良好风尚；

⑥广告中禁止含有淫秽、迷信、恐怖、暴力、丑恶的内容；

⑦广告中禁止含有民族、种族、宗教、性别歧视的内容；

⑧广告内容不得妨碍环境和自然资源保护；

⑨广告内容不得有法律、行政法规规定禁止的其他情形。

（2）广告设计不得损害未成年人和残疾人的身心健康

未成年人和残疾人是两个弱势群体，国家法律规定要给予特别的保护。因此，广告设计不得损害未成年人的身心健康，不得损害残疾人的身心健康。

（3）广告设计中的其他限制性原则

①广告对商品或服务的介绍不得含糊其词；

②广告中不得使用不真实、不准确的数据、统计资料、调查结果、文摘、引用语；

③广告中禁止使用未授予专利权的专利申请和已经终止、撤销、无效的专利；

④广告设计不得贬低其他生产经营者的商品或者服务；

⑤广告应当具有可识别性，能够使消费者辨明其为广告。

11.2.4　重点广告的设计准则

（1）药品、医疗器械广告设计准则

①药品、医疗器械广告不得含有不科学的表示功效的断言或者保证的内容；

②药品、医疗器械广告不得含有说明治愈率或者有效率的内容；

③药品、医疗器械广告不得含有与其他药品、医疗器械的功效和安全性比较的内容；

④药品、医疗器械广告不得含有医药科研单位、学术机构、医疗机构或专家、医生、患者的名义和形象作证明的内容；

⑤药品、医疗器械广告不得含有法律、法规规定禁止的其他内容。

（2）农药广告设计准则

①农药广告不得含有无毒、无害等表明安全性的绝对化断言的内容；

②农药广告不得含有不科学的表示功效的断言或保证的内容；

③农药广告不得含有违反农药安全使用规程的文字、语言或者画面的内容；

④农药广告不得有法律、行政法规规定禁止的其他内容。

（3）烟草广告设计准则

①禁止利用广播、电影、电视、报纸、期刊发布烟草广告；

②禁止在各类等候室、影剧院、会议厅堂、体育比赛场馆等公共场所设置烟草广告；

③烟草广告必须标明“吸烟有害健康”这一警语。

（4）食品、酒类、化妆品广告设计原则

①食品、酒类、化妆品广告的内容必须符合卫生许可的事项；

②食品、酒类、化妆品广告不得使用医疗用语或者易与药品混淆的用语。

③药品、食品、酒类、化妆品是一种特殊商品，其广告的策划、设计、制作、发布等必须经过广告及卫生行政部门的严格审查，符合卫生许可的事项。

主要参考文献

[1] 谢质彬 . 设计管理 . 北京 : 机械工业出版社 , 2013.
[2] 高亮 , 职秀梅 . 设计管理 . 长沙 : 湖南大学出版社 , 2011.
[3] 刘和山 , 李普红 , 周意华 . 设计管理 . 北京 : 国防工业出版社 , 2006.
[4] 陈汗青 , 尹定邦 , 彭自力 . 设计管理 . 北京 : 高等教育出版社 , 2002.
[5] 蒋雯 . 设计管理 . 北京 : 机械工业出版社 , 2011.
[6] 罗东坤 . 项目管理 . 青岛 : 石油大学出版社 , 1991.
[7] 曾赛星 . 项目管理 . 北京 : 北京师范大学出版社 , 2007.
[8] 张卓 . 项目管理 . 北京 : 科学出版社 , 2005.
[9] 刘国靖 , 邓韬 . 21 世纪新项目管理 : 理念体系流程方法实践 . 北京 : 清华大学出版社 , 2003.
[10] 宫宝珉 . 外观设计与知识产权保护 . 北京 : 知识产权出版社 , 2002.
[11] 孙国瑞 . 专利法实用问答 . 北京 : 知识产权出版社 ,2002.
[12] 杜沛然 . 设计法规与实务 . 香港 : 香港新闻出版社 ,2002.
[13] 来小鹏 . 知识产权法学 . 北京 : 中国政法大学出版社 , 2011.
[14] 来小鹏 . 专利法案例评析 . 北京 : 对外经济贸易大学出版社 , 2012.
[15] 程永顺 . 案说专利法 . 北京 : 知识产权出版社 , 2012.
[16] 刘国余 . 设计管理 . 上海 : 上海交通大学出版社， 2003.
[17] 蒋强，李自柱 ，吴江 . 著作权纠纷新型典型案例与专题指导 . 北京 : 中国法制出版社 ,2009.
[18] 朱宏亮 . 建设法规（第二版）. 武汉: 武汉理工大学出版社，2003.
[19] 陈汗青，万仞 . 设计与法规 . 北京: 化学工业出版社，2003.
[20] 吴昊 . 建设法规案例与评析 . 北京: 机械工业出版社，2003.
[21] 姜涌 . 建筑师职能体系与建造实践 . 北京: 清华大学出版社，2003.
[22] 徐伟，孙仓龙 . 土木工程相关法规 . 上海: 同济大学出版社，2003.

图书在版编目（CIP）数据

设计管理与法规 / 杜沛然，许志强主编 .—合肥：合肥工业大学出版社，2017. 8
ISBN 978-7-5650-3241-7

Ⅰ.①设…　Ⅱ.①杜…　②许…　Ⅲ.①产品设计—企业管理　Ⅳ.①F273.2

中国版本图书馆CIP数据核字（2017）第013063号

设 计 管 理 与 法 规

主　　编：杜沛然　许志强　　　责任编辑：王　磊
书　　名：普通高等教育应用技术型院校艺术设计类专业规划教材——设计管理与法规
出　　版：合肥工业大学出版社
地　　址：合肥市屯溪路193号
邮　　编：230009
网　　址：http://press.hfut.edu.cn/
发　　行：全国新华书店
印　　刷：安徽联众印刷有限公司
开　　本：889mm × 1194mm　1/16
印　　张：7
字　　数：260千字
版　　次：2017年8月第1版
印　　次：2017年9月第1次印刷
标准书号：ISBN 978-7-5650-3241-7
定　　价：45.00元
发行部电话：0551-62903188